AF187078

Impressum
Verlag: BABADADA GmbH, Nedderfeld 112 , 22529 Hamburg
Geschäftsführer / Verlagsleitung: Harald Hof
Druck: Books on Demand GmbH, In de Tarpen 42, 22848 Norderstedt

Imprint
Publisher: BABADADA GmbH, Nedderfeld 112 , 22529 Hamburg, Germany
Managing Director / Publishing direction: Harald Hof
Print: Books on Demand GmbH, In de Tarpen 42, 22848 Norderstedt

σχολείο
sekoly

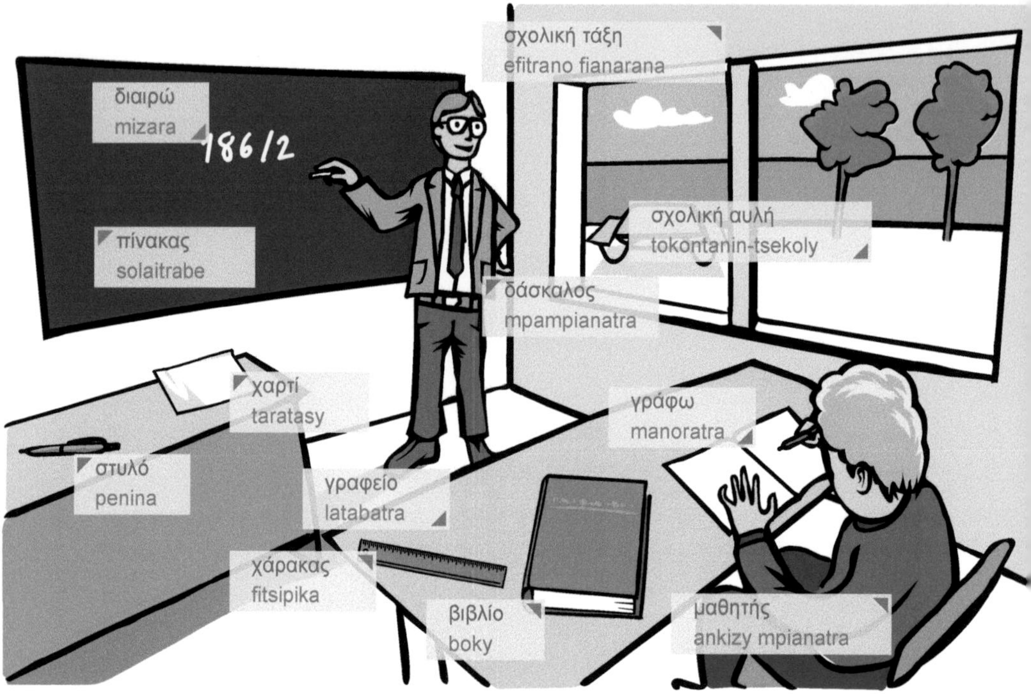

σχολική τάξη
efitrano fianarana
διαιρώ
mizara
186/2
πίνακας
solaitrabe
σχολική αυλή
tokontanin-tsekoly
δάσκαλος
mpampianatra
χαρτί
taratasy
γράφω
manoratra
στυλό
penina
γραφείο
latabatra
χάρακας
fitsipika
βιβλίο
boky
μαθητής
ankizy mpianatra

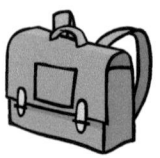

σχολική τσάντα

kitapo

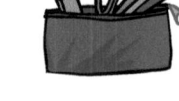

κασετίνα/ μολυβοθήκη

torosy

μολύβι

pensilihazo

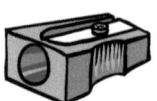

ξύστρα

fandrangitana pensilihazo

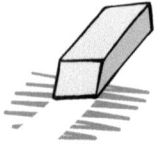

γόμα

gaoma

μπλοκ ζωγραφικής

karne fanaovana sary

ζωγραφική
sary

πινέλο
borosy fandokoana

κουτί χρωμάτων
boaty loko

ψαλίδι
hety

κόλλα
lakaoly

τετράδιο ασκήσεων
kahie fampiasàna

εργασία για το σπίτι
enti-mody

12

αριθμός
tarehi-marika

2+2

προσθέτω
manampy

5-2

αφαιρώ
manala

2×2

πολλαπλασιάζω
mampitombo

υπολογίζω
mikajy

A

γράμμα
taratasy

ABCDEFG
HIJKLMN
OPQRSTU
VWXYZ

αλφάβητο
abidia

λέξη
teny

κείμενο

lahatsoratra

διαβάζω

mamaky

κιμωλία

tsaoka

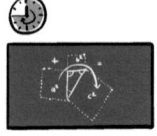

μάθημα

lesona

εγγράφομαι

boky fianarana

τεστ

fanadinana

πιστοποιητικό

sertifikà

μαθητική στολή

fanamian'ny mpianatra

εκπαίδευση

fiofanana

εγκυκλοπαίδεια

raki-pahalalana

πανεπιστήμιο

oniversite

μικροσκόπιο

mikraoskaopy

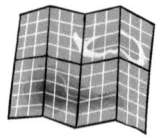

χάρτης

sarintany

καλάθι αχρήστων

fanariana fako taratasy

ταξίδι
fitsangatsanganana

ξενοδοχείο
hôtely
ξενώνας
tranom-bahiny
ανταλλακτήρια συναλλάγματος
toerana fanakalozana vola
βαλίτσα
valizy
αυτοκίνητο
fiara

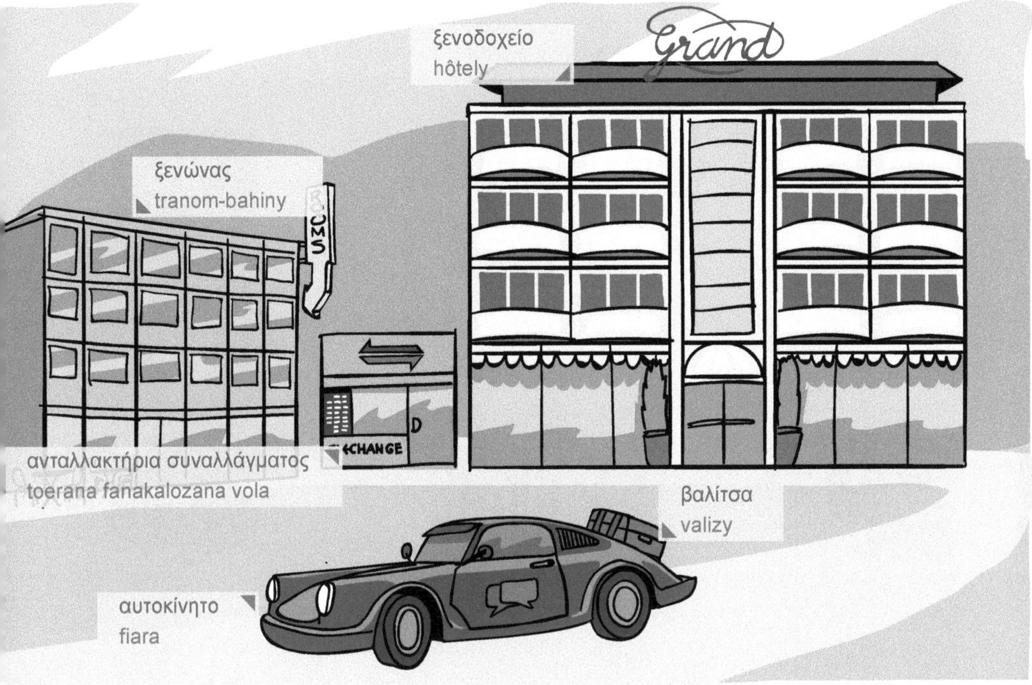

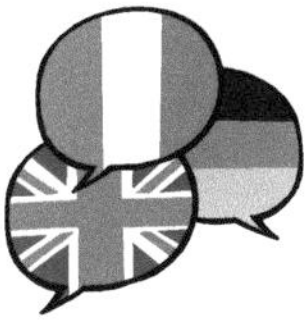

γλώσσα

fiteny

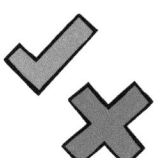

ναι / όχι

eny / tsia

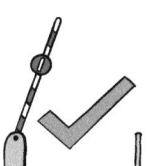

εντάξει

Eny àry

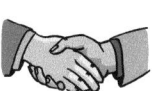

γεια σου

salama

μεταφραστής

mpandika teny

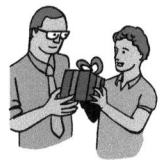

Ευχαριστώ

Misaotra

πόσο κάνει ;

ohatrinona...?

Δε καταλαβαίνω

Tsy azoko izany

πρόβλημα

olana

Καλησπέρα!

Salama ô!

Καλημέρα!

Arahaba tra-maraina e!

Καληνύχτα!

Tsara mandry ô!

Αντίο

veloma

κατεύθυνση

fitantanana

αποσκευές

entan'ny mpandeha

τσάντα

harona

σακίδιο πλάτης

kitapo

καλεσμένος

vahiny

δωμάτιο

efitrano

υπνόσακος

fandriana enti-tànana

σκηνή

tanty

τουριστικές πληροφορίες

birao miandraikitra ny fizahantany

παραλία

moron-tsiraka

πιστωτική κάρτα

fahana amin'ny karatra

πρωινό

sakafo maraina

μεσημεριανό

sakafo atoandro

δείπνο

sakafo hariva

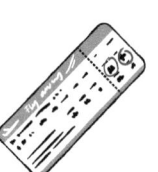

εισιτήριο

tapakila

ανελκυστήρας

ascenseur

γραμματόσημο

hajia

σύνορα

tany manasaraka

τελωνείο

fadin-tseranana

πρεσβεία

ambasady

βίζα

visa

διαβατήριο

pasipaoro

μεταφορά

fitaterana

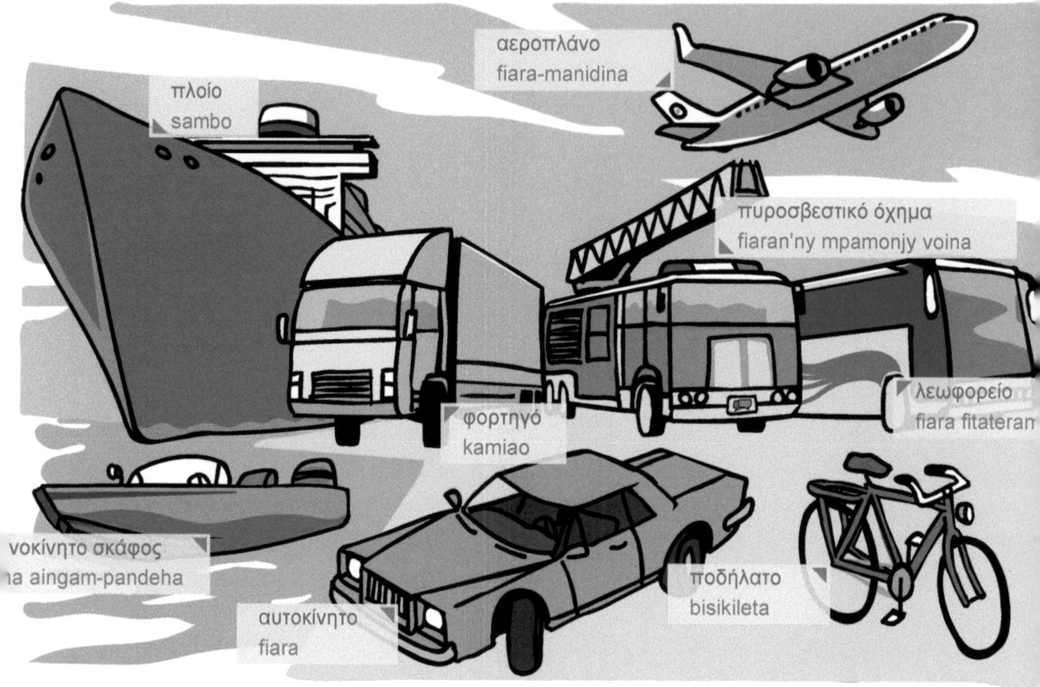

αεροπλάνο
fiara-manidina
πλοίο
sambo
πυροσβεστικό όχημα
fiaran'ny mpamonjy voina
λεωφορείο
fiara fitateran
φορτηγό
kamiao
νοκίνητο σκάφος
a aingam-pandeha
ποδήλατο
bisikileta
αυτοκίνητο
fiara

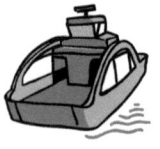

φεριμπότ

sambobe

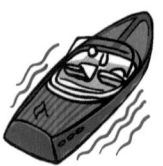

βάρκα

sambo

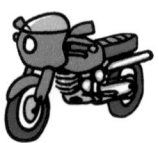

μοτοσικλέτα

môtô

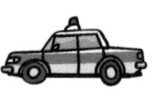

περιπολικό

fiaran'ny polisy

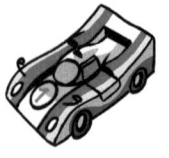

αγωνιστικό αυτοκίνητο

fiara mpihazakazaka

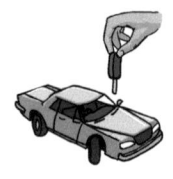

ενοικιαζόμενο αυτοκίνητο

fiara fanofa

διαμοιρασμός αυτοκινήτων

zara fiara

γερανός

fiara etsy babeko

απορριμματοφόρο

fiara mpitatitra fako

κινητήρας

môtera

καύσιμο

solika

βενζινάδικο

tobin-tsolika

πινακίδα σήμανσης

tondro fifamoivoizana

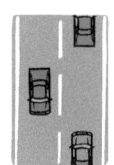

κυκλοφορία

fifamoivoizana

κυκλοφοριακή συμφόρηση

fitohanan'ny fifamoivoizana

χώρος στάθμευσης

fitobian'ny fiara

σιδηροδρομικός σταθμός

fiantsonan'ny fiaran-
dalamby

σιδηροδρομικές γραμμές

lalamby

τρένο

fiaran-dalamby

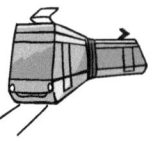

τραμ

tramway

βαγόνι

kalesy

ελικόπτερο

angidimby

αεροδρόμιο

seranam-piaramanidina

πύργος

tilikambo

επιβάτης

mpandeha

εμπορευματοκιβώτιο

kaontenera

χαρτοκιβώτιο

baoritra

καρότσι

chariot

καλάθι

harona

απογειώνομαι /
προσγειόνομαι

miainga / midina

πόλη
renivohitra

χωριό

ambanivohitra

κέντρο της πόλης

afovoan-tanàna

σπίτι

trano

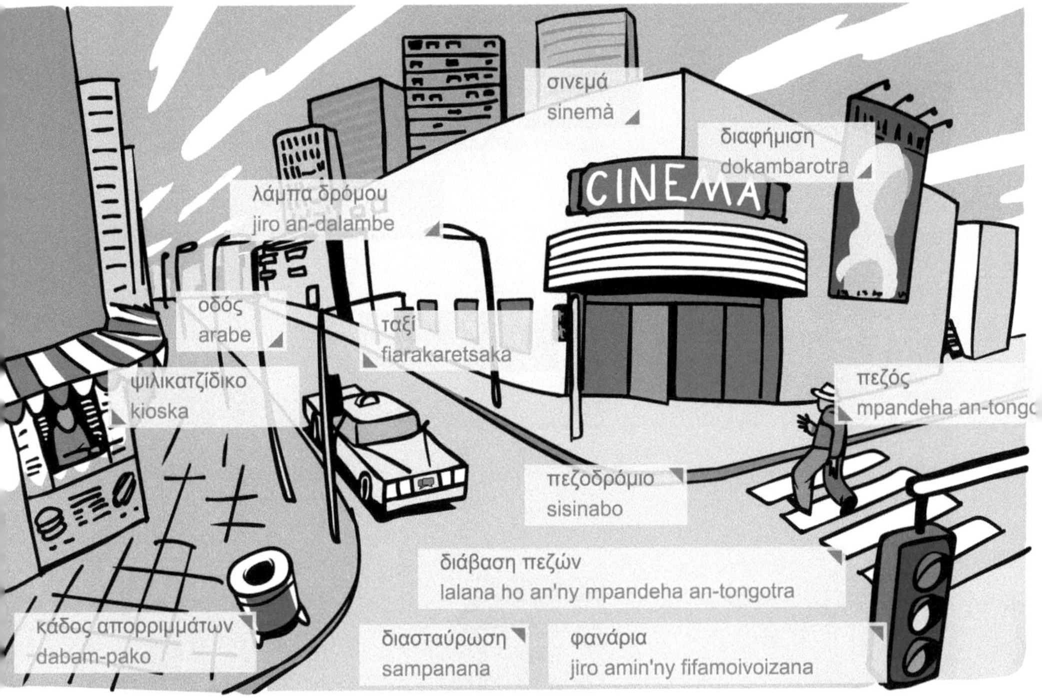

σινεμά
sinemà

διαφήμιση
dokambarotra

λάμπα δρόμου
jiro an-dalambe

οδός
arabe

ταξί
fiarakaretsaka

ψιλικατζίδικο
kioska

πεζός
mpandeha an-tongo

πεζοδρόμιο
sisinabo

διάβαση πεζών
lalana ho an'ny mpandeha an-tongotra

κάδος απορριμμάτων
dabam-pako

διασταύρωση
sampanana

φανάρια
jiro amin'ny fifamoivoizana

καλύβα

trano bongo

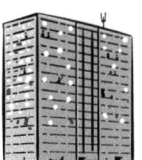

διαμέρισμα

tranobe

σιδηροδρομικός σταθμός

fiantsonan'ny fiaran-dalamby

δημαρχείο

firaisana

μουσείο

donia

σχολείο

sekoly

πανεπιστήμιο
oniversite

τράπεζα
banky

νοσοκομείο
hopitaly

ξενοδοχείο
hôtely

φαρμακείο
farmasia

γραφείο
birao

βιβλιοπωλείο
fivarotam-boky

κατάστημα
fivarotana

ανθοπωλείο
mpivarotra voninkazo

σούπερ μάρκετ
supermarché

αγορά
tsena

πολυκατάστημα
tranobe fivarotana

ιχθυοπωλείο
mpivarotra trondro

εμπορικό κέντρο
toeram-pivarotana lehibe

λιμάνι
seranana

πάρκο

valan-javaboary

παγκάκι

latabatra

γέφυρα

tetezana

σκάλες

totohatra

μετρό

metrô

τούνελ

tonelina

στάση λεωφορείου

fiantsonan'ny fiara
mpitondra olona

μπαρ

bara

εστιατόριο

toeram-pisakafoanana

γραμματοκιβώτιο

boatin-taratasy paositra

πινακίδα δρόμου

famantarana an-arabe

παρκόμετρο

parcmètre

ζωολογικός κήπος

valan-javaboary

πισίνα

dobo filomanosana

τζαμί

moskea

αγρόκτημα

toeram-pambolena

ρύπανση

loto

νεκροταφείο

fasana

εκκλησία

trano fiangonana

παιδική χαρά

tokontany filalaovana

ναός

tempoly

τοπίο
endritany

φύλλο
ravina

πινακίδα κατεύθυνσης
tondro famantarana

δρόμος
làlana

λιβάδι
kijana

πέτρα
vato

δέντρο
hazo

πεζοπόρος
mpihani-bohitra

ποτάμι
renirano

χορτάρι
bozaka

λουλούδι
voninkazo

κοιλάδα

lemaka

λόφος

vohitra

λίμνη

laka

δάσος

ala

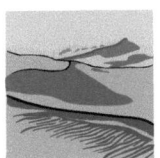

έρημος

tany hay

ηφαίστειο

volkano

κάστρο

rova

ουράνιο τόξο

avana

μανιτάρι

holatra

φοίνικας

hazom-boanio

κουνούπι

moka

μύγα

lalitra

μυρμήγκι

vitsika

μέλισσα

tantely

αράχνη

hala

σκαθάρι

voangory

βάτραχος

sahona

σκίουρος

vontsira

σκαντζόχοιρος

trandraka

λαγός

bitro

κουκουβάγια

vorondolo

πουλί

vorona

κύκνος

gisabe

αγριογούρουνο

lambo

ελάφι

cerf

άλκη

voalavo

φράγμα

toha-drano

ανεμογεννήτρια

helisy ahodin-drivotra

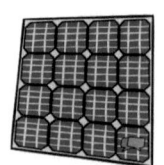

ηλιακός συλλέκτης

takela-masoandro

κλίμα

toetr'andro

εστιατόριο

toeram-pisakafoanana

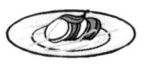

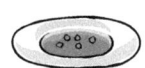

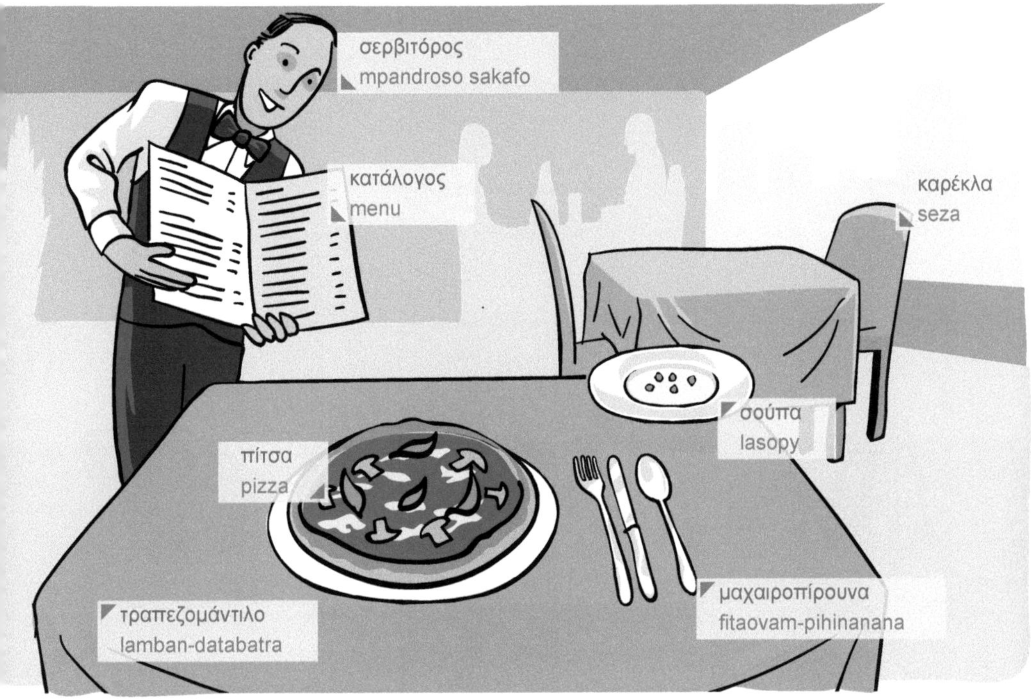
σερβιτόρος
mpandroso sakafo
κατάλογος
menu
καρέκλα
seza
σούπα
lasopy
πίτσα
pizza
μαχαιροπίρουνα
fitaovam-pihinanana
τραπεζομάντιλο
lamban-databatra

ορεκτικό

entrée

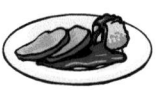

κύριο πιάτο

sakafo fototra

επιδόρπιο

desera

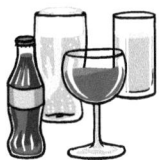

ποτά

zava-pisotro

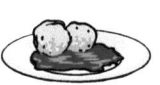

φαγητό

sakafo

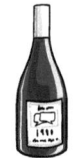

μπουκάλι

tavoahangy

φαστ φουντ

fast food

φαγητό στ' όρθιο

sakafo an-dalambe

τσαγιέρα

fitoerana dite

δοχείο ζάχαρης

fitoeran-tsiramamy

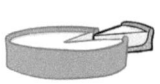

μερίδα

singany

μηχανή εσπρέσο

milina espresso

ψηλή καρέκλα

seza avo

λογαριασμός

faktiora

δίσκος

lovia fandrosoana sakafo

μαχαίρι

antsy

πιρούνι

sotrorovitra

κουτάλι

sotro

κουταλάκι του τσαγιού

sotrokely

πετσέτα φαγητού

servieta

ποτήρι

vera

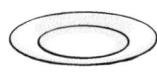

πιάτο
vilia

πιάτο σούπας
vilian-dasopy

πιατάκι φλιτζανιού
vilia bory

σάλτσα
saosy

αλατιέρα
fitoeran-tsira

μύλος για πιπέρι
milina dipoavatra

ξύδι
vinaingitra

λάδι
solika

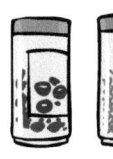

μπαχαρικά
zava-manitra

κέτσαπ
ketchup

μουστάρδα
voan-tsinapy

μαγιονέζα
maionezy

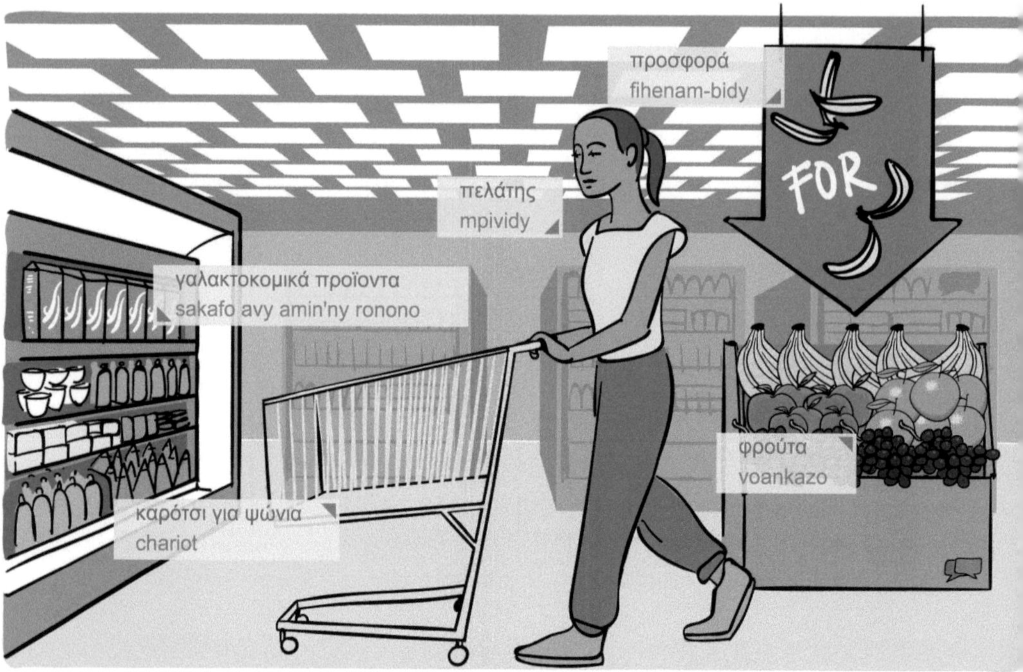

προσφορά
fihenam-bidy
FOR
πελάτης
mpividy
γαλακτοκομικά προϊόντα
sakafo avy amin'ny ronono
φρούτα
voankazo
καρότσι για ψώνια
chariot

BUTCHERS

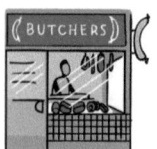

κρεοπωλείο

mpivaro-kena

BAKERY

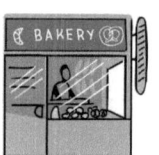

φούρνος

mpivarotra mofo

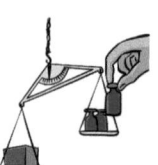

ζυγίζω

mandanja

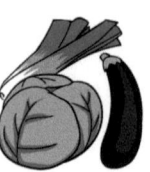

λαχανικά

legioma

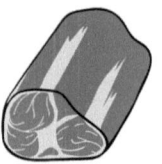

κρέας

hena

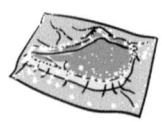

κατεψυγμένα τρόφιμα

sakafo nampangatsiahana

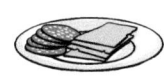

αλλαντικά
hena voahendy

κονσερβοποιημένη τροφή
sakafo am-by fotsy

απορρυπαντικό ρούχων
vovon-tsavony

γλυκά
vatomamy

οικιακά είδη
fitaovana an-tokatrano

καθαριστικά προϊόντα
fitaovana fanadiovana

πωλήτρια
mpivarotra

ταμείο
toerana fandoavam-bola

ταμίας
mpandray vola

λίστα για ψώνια
lisitry ny zavatra vidiana

ωράριο λειτουργίας
ora fiasana

πορτοφόλι
portefeuille

πιστωτική κάρτα
fahana amin'ny karatra

τσάντα
harona

πλαστική σακούλα
harona plastika

νερό

rano

χυμός

ranom-boankazo

γάλα

ronono

κόκα κόλα

coca

κρασί

divay

μπίρα

labiera

αλκοόλ

toaka

κακάο

sôkôlà mafana

τσάι

dite

καφές

kafe

εσπρέσο

espresso

καπουτσίνο

cappuccino

μπανάνα

akondro

μήλο

paoma

πορτοκάλι

laoranjy

πεπόνι

voatango

λεμόνι

voasarimakirana

καρότο

karaoty

σκόρδο

tongolo gasy

μπαμπού

volobe

κρεμμύδι

tongolo

μανιτάρι

holatra

ξηροί καρποί

voamaina

νουντλς

paty

μακαρόνια

spaghetti

ρύζι

vary

σαλάτα

salady

πατατάκια

ovy frity

τηγανητές πατάτες

ovy voaendy

πίτσα

pizza

χάμπουργκερ

hamburger

σάντουιτς

sandwich

κοτολέτα

didin-kena

ζαμπόν

lambo sira

σαλάμι

salami

λουκάνικο

saosisy

κοτόπουλο

akoho

ψητό

hena mendy

ψάρι

trondro

χυλός βρώμης

varin-tsoavaly

μούσλι

muesli

κορν φλέικς

cornflakes

αλεύρι

lafarinina

κρουασάν

croissant

ψωμάκι

mofodipaina kely

ψωμί

mofo

τοστ

mofo natono

μπισκότα

bisky

βούτυρο

dobera

τυρόπηγμα

fromazy fotsy

κέικ

mofomamy

αυγό

atody

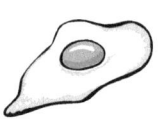

τηγανητό αυγό

atody nendasina

τυρί

fromazy

παγωτό

lagilasy

ζάχαρη

siramamy

μέλι

tantely

μαρμελάδα

kaonfitira

άλλειμμα σοκολάτας

crème nougat

κάρυ

curry

αγρόκτημα
toeram-pambolena

αγρόσπιτο
tranom-bokatra
αχυρώνας
tranom-bokatra
δεμάτι άχυρου
feheza-mololo
χωράφι
tanim-boly
αλόγο
soavaly
ρυμουλκούμενο
fiara fitarika
τρακτέρ
traktera
πουλάρι
zana-tsoavaly
γάιδαρος
apondra
πρόβατο
ondry
αρνί
zanak'ondry

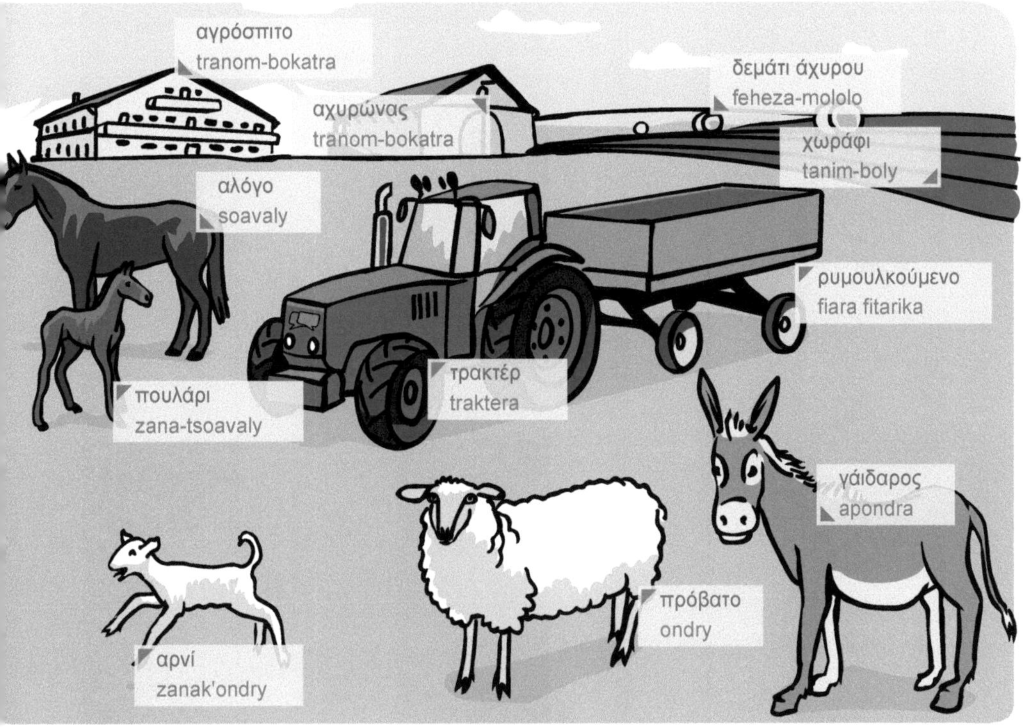

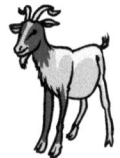

κατσίκα

osy

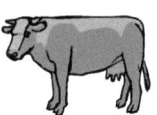

αγελάδα

omby vavy

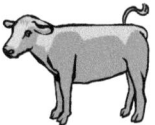

μοσχαράκι

omby

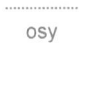

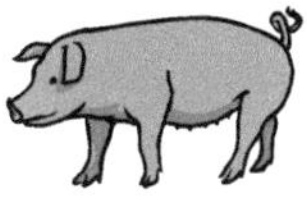

γουρούνι

kisoa

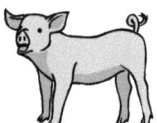

γουρουνάκι

zana-kisoa

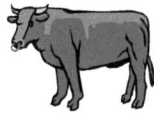

ταύρος

omby

χήνα

gisa

πάπια

gana

κοτοπουλάκι

zanak'akoho

κότα

akoho vavy

κόκορας

akoho lahy

αρουραίος

voalavo

γάτα

saka

ποντίκι

voalavo tondro

βόδι

omby

σκύλος

alika

σπιτάκι σκύλου

tranon'alika

λάστιχο κήπου

fantsona fanondrahana rano

ποτιστήρι

fanondrahana

θεριστήρι

antsy biloka

αλέτρι

angadin'omby

αγρόκτημα - toeram-pambolena

δρεπάνι

antsim-bilona

τσάπα

antsetra

δίκρανο

farango vy

τσεκούρι

famaky

χειράμαξα

borety

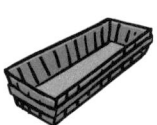

ταΐστρα

dababe

δοχείο γάλακτος

boatin-dronono

σάκος

harona

φράχτης

fefy

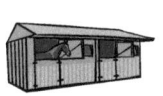

στάβλος

tranom-biby

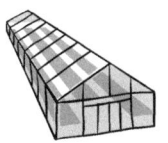

θερμοκήπιο

talatalan-jaridaina

έδαφος

tany

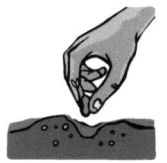

σπόρος

ambeoka

λίπασμα

zezika

θεριζοαλωνιστική μηχανή

milina mpijinja vokatra

θερίζω
vokatra

συγκομιδή
vokatra

γιαμς
saonjo

σιτάρι
varimbazaha

σόγια
saozaha

πατάτα
ovy

καλαμπόκι
katsaka

κράμβη
colza

οπωροφόρο δέντρο
hazo fihinam-boa

μανιόκα
mangahazo

δημητριακά
voamadinika

σπίτι

trano

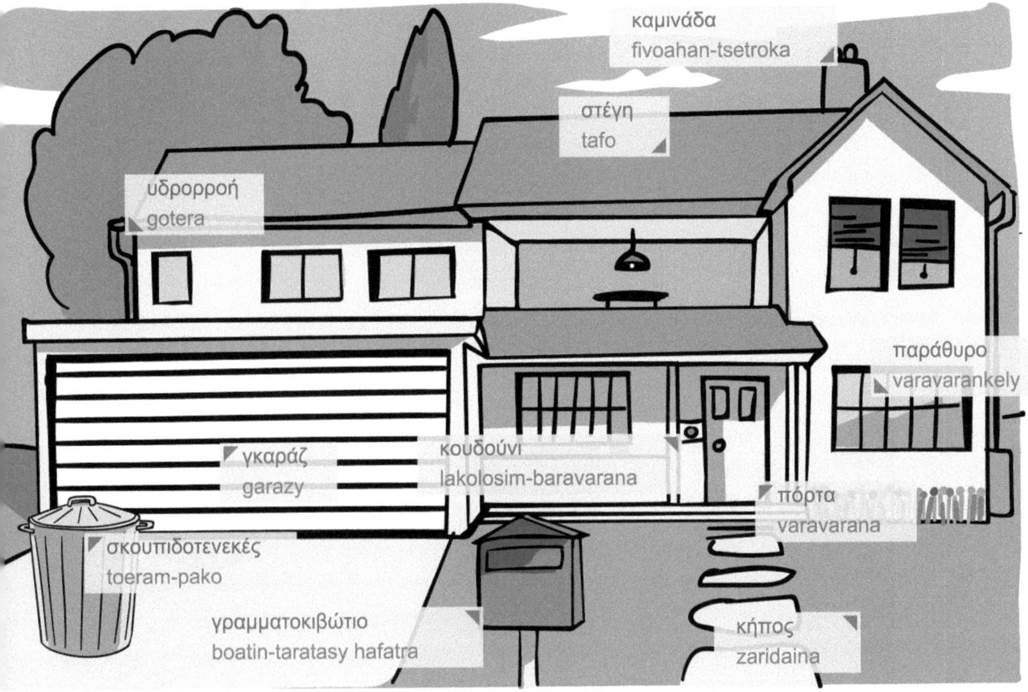

καμινάδα
fivoahan-tsetroka
στέγη
tafo
υδρορροή
gotera
παράθυρο
varavarankely
γκαράζ
garazy
κουδούνι
lakolosim-baravarana
πόρτα
varavarana
σκουπιδοτενεκές
toeram-pako
γραμματοκιβώτιο
boatin-taratasy hafatra
κήπος
zaridaina

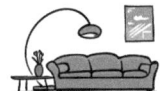

σαλόνι

efitra fandraisam-bahiny

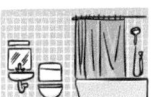

μπάνιο

efitra fandroana

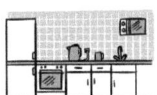

κουζίνα

lakozia

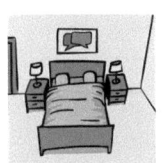

υπνοδωμάτιο

efitra fatoriana

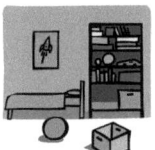

παιδικό δωμάτιο

efitranon'ny ankizy

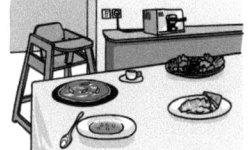

τραπεζαρία

efi-trano fisakafoanana

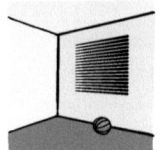

πάτωμα

tany

κελάρι

lakavy

βεράντα

lavarangana

σεντόνι

lambam-pandriana

σκούπα

kifafa

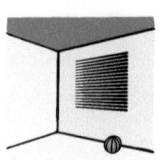

τοίχος

rindrina

σάουνα

sauna

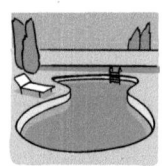

πισίνα

dobo filomanosana

κάλυμμα κρεβατιού

koety

κουβάς

sô

οροφή

valindrihana

μπαλκόνι

tsimahalavo

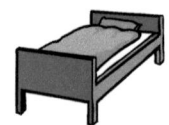

μηχανή του γκαζόν

mpanapaka bozaka

κρεβάτι

fandriana

διακόπτης

interrupteur

σαλόνι

efitra fandraisam-bahiny

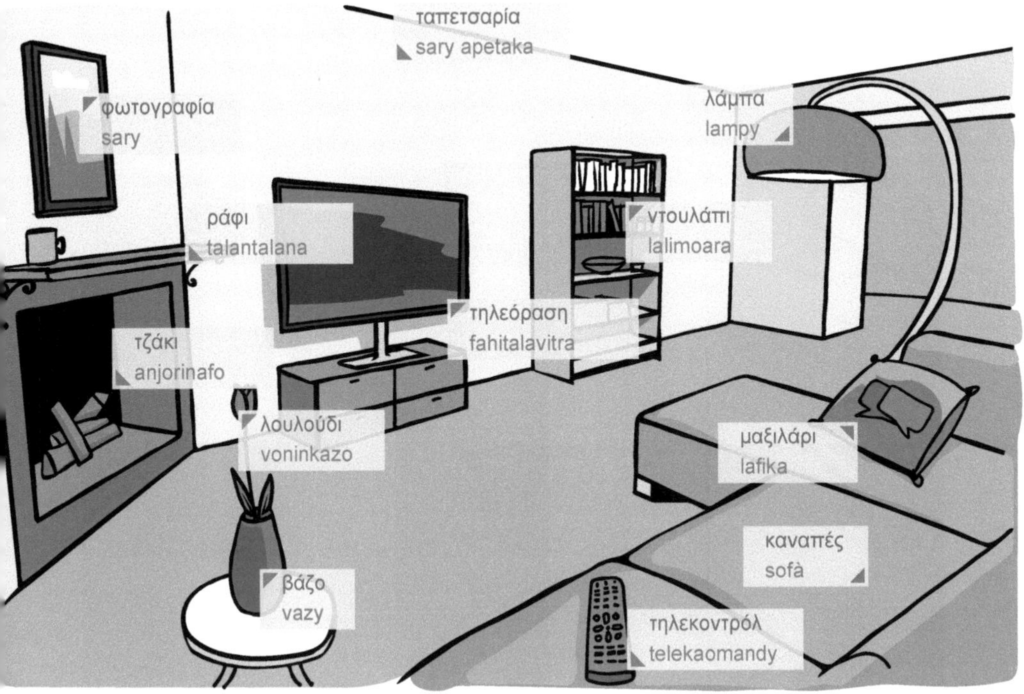

ταπετσαρία
sary apetaka
φωτογραφία
sary
λάμπα
lampy
ράφι
talantalana
ντουλάπι
lalimoara
τηλεόραση
fahitalavitra
τζάκι
anjorinafo
λουλούδι
voninkazo
μαξιλάρι
lafika
καναπές
sofà
βάζο
vazy
τηλεκοντρόλ
telekaomandy

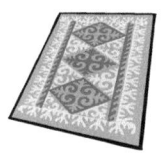

χαλί
tapis

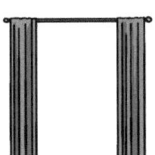

κουρτίνα
takom-baravarana

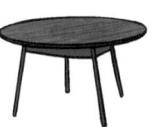

τραπέζι
latabatra

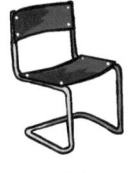

καρέκλα
seza

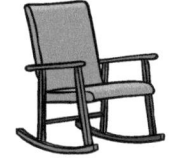

κουνιστή πολυθρόνα
seza savily

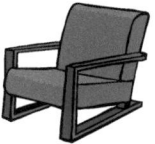

πολυθρόνα
seza mihaja

βιβλίο
boky

κουβέρτα
lamba firakotra

διακόσμηση
asa fandravahana

καυσόξυλα
hazo fandrehitra

ταινία
horonantsary

στερεοφωνικό σύστημα
fitaovana hi-fi

κλειδί
fanalahidy

εφημερίδα
gazety

πίνακας ζωγραφικής
loko

αφίσα
sary famantarana

ραδιόφωνο
radio

σημειωματάριο
kahie fanao tadidy

ηλεκτρική σκούπα
aspiratera

κάκτος
raketa

κερί
labozia

κουζίνα
lakozia

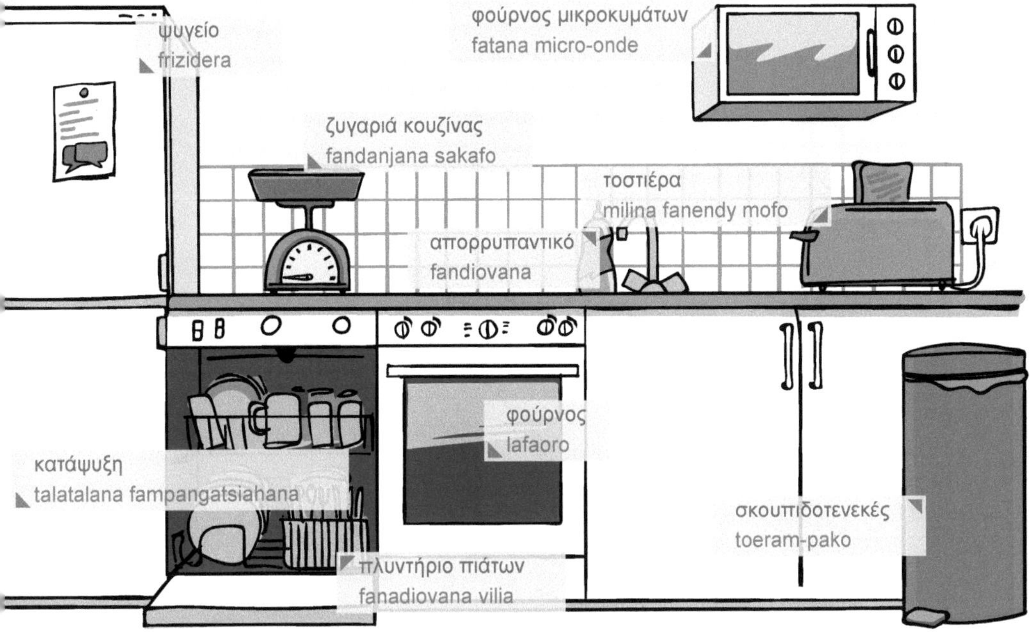

ψυγείο
frizidera
φούρνος μικροκυμάτων
fatana micro-onde
ζυγαριά κουζίνας
fandanjana sakafo
τοστιέρα
milina fanendy mofo
απορρυπαντικό
fandiovana
φούρνος
lafaoro
κατάψυξη
talatalana fampangatsiahana
σκουπιδοτενεκές
toeram-pako
πλυντήριο πιάτων
fanadiovana vilia

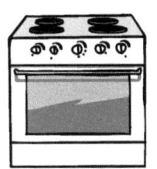

κουζίνα

lafaoro

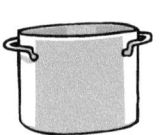

κατσαρόλα

vilany

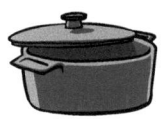

μαντεμένια κατσαρόλα

vilany vy

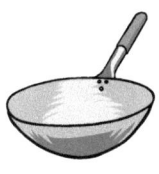

γουόκ/καντάι

wok / kadai

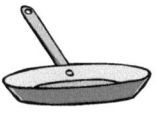

τηγάνι

lapoaly

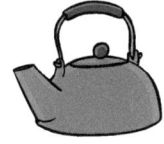

βραστήρας

fitaovana fampangotrahana rano

ατμομάγειρας
vilany mandeha entona

ταψί
lovia fisaka

πιατικά
fitaovan-dakozia

κούπα
zinga

μπολ
vilia baolina

ξυλάκια
hazokely fihinanana

κουτάλα
sotrobe lavatango

σπάτουλα
spatule

ανακατεύω
fanakapohana atody

σουρωτήρι
fanatantavanana

σουρωτηράκι
lovia sivana

τρίφτης
fanakikisana

γουδί
laona

ψησταριά
kiendiendy

ανοιχτή φωτιά
fivoahan'ny setroka

σανίδα κοπής

akalana fitetehana

πλάστης

kodia fandamàna koba

ανοιχτήρι φελλών

fisontonana bosoa

κονσέρβα

boaty

ανοιχτήρι κονσέρβας

fanokafana boaty

γάντι φούρνου

fitazomana vilany

νεροχύτης

lavabô

βούρτσα

borosy

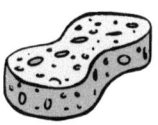

σφουγγάρι

spaonjy

μπλέντερ

miksera

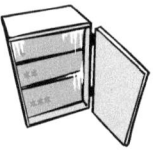

καταψύκτης

fitaovana fampangatsiahana

μπιμπερό

tavoahanginono

βρύση

paompy

μπάνιο

efitra fandroana

θέρμανση
fanafanana
ντους
efitra fandroana
πετσέτα
servieta
κουρτίνα ντουζ
lamba fanakon'efitra fandroana
αφρόλουτρο
menaka fandroana mandroatra
μπανιέρα
koveta fandroana
ποτήρι
vera
πλυντήριο ρούχων
milina fanasana lamba
βρύση
paompy
πλακάκια
taila
γιογιό
tavimandry
νεροχύτης
lavabô

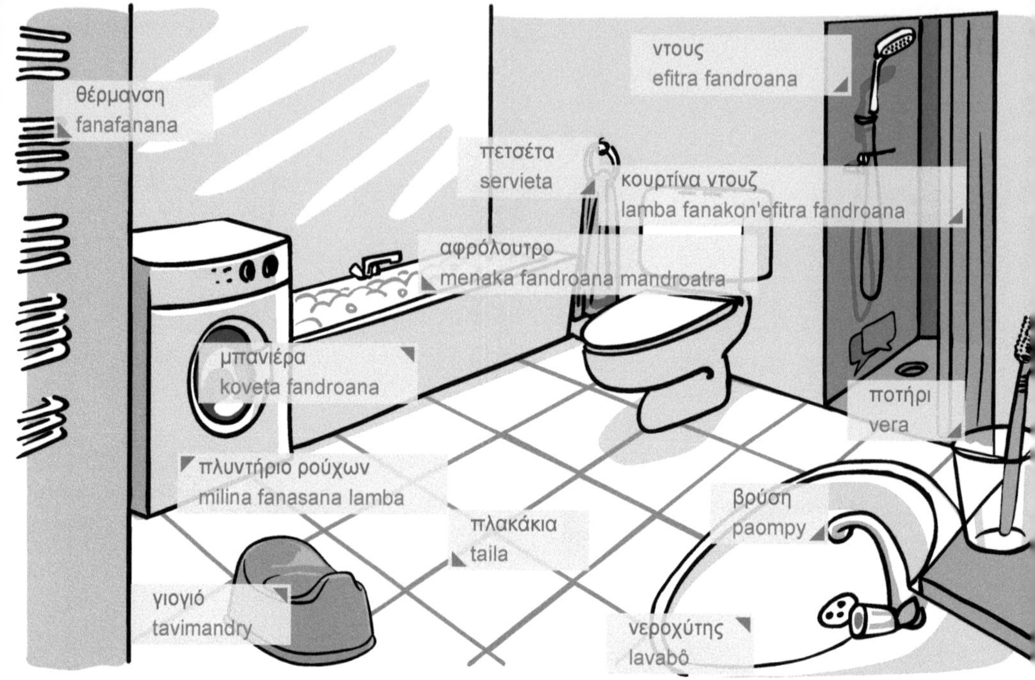

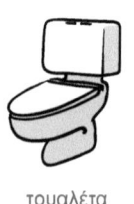

τουαλέτα

efitrano fidiovana

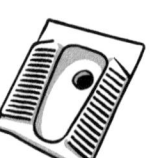

τούρκικη τουαλέτα

kabone mitsingo

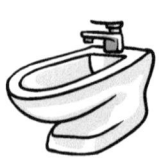

μπιντές

bidet

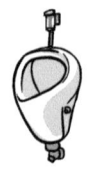

ουρητήριο

fipipizana

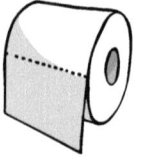

χαρτί υγείας

taratasy fidiovana

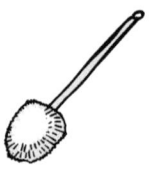

πιγκάλ

borosy fampiasa an-kabone

οδοντόβουρτσα

borosinify

οδοντόκρεμα

famotsia-nify

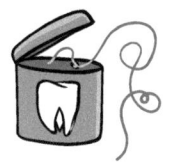

οδοντικό νήμα

kofehy fanadiova-nify

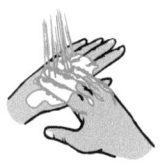

πλένω

manasa

τηλέφωνο ντους

fisaika enti-tànana

ντουσιέρα

fanadiovana fivaviana

λεκάνη

kovetabe

βούρτσα πλάτης

borosin-damosina

σαπούνι

savony

αφρόλουτρο

el fampiasa rehefa misaika

σαμπουάν

shampoo

φανέλα

fonon-tànana enti-misaika

σιφόνι

tsiranoka

κρέμα

crème fanosotra

αποσμητικό

fanalana fofona

καθρέφτης

fitaratra

καθρέφτης χειρός

fitaratra fihaingo

ξυραφάκι

hareza

αφρός ξυρίσματος

raotra fiharatra

αφτερσέιβ

menaka haratra

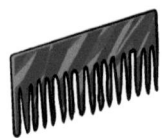

χτένα

fiogo

βούρτσα

borosy

σεσουάρ

fitaovana fanamainam-bolo

λακ

atsifotra amin'ny volo

μακιγιάζ

fikarakarana tarehy

κραγιόν

lokomena

βερνίκι νυχιών

haingo hoho

βαμβάκι

vohavohan-dandihazo

ψαλίδι νυχιών

fanapahana hoho

άρωμα

ranomanitra

νεσεσέρ

fitoerana fitaovana an-kabone

σκαμπό

sezabory

ζυγαριά

fandanjana olona

μπουρνούζι

akanjo enti-matory

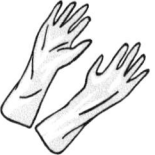

ελαστικά γάντια

fonon-tànana enti-manadio

ταμπόν

servieta fanary

πετσέτα υγιεινής

lamba fampiasa amin'ny fadimbolana

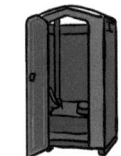

χημική τουαλέτα

kabone simika

παιδικό δωμάτιο

efitranon'ny ankizy

ξυπνητήρι
famohamandry
λούτρινο ζωάκι
saribakoly
αυτοκινητάκι
fiara kilalao
κουδουνίστρα
korintsana
κουκλόσπιτο
tranon-tsaribakoly
δώρο
fanomezana

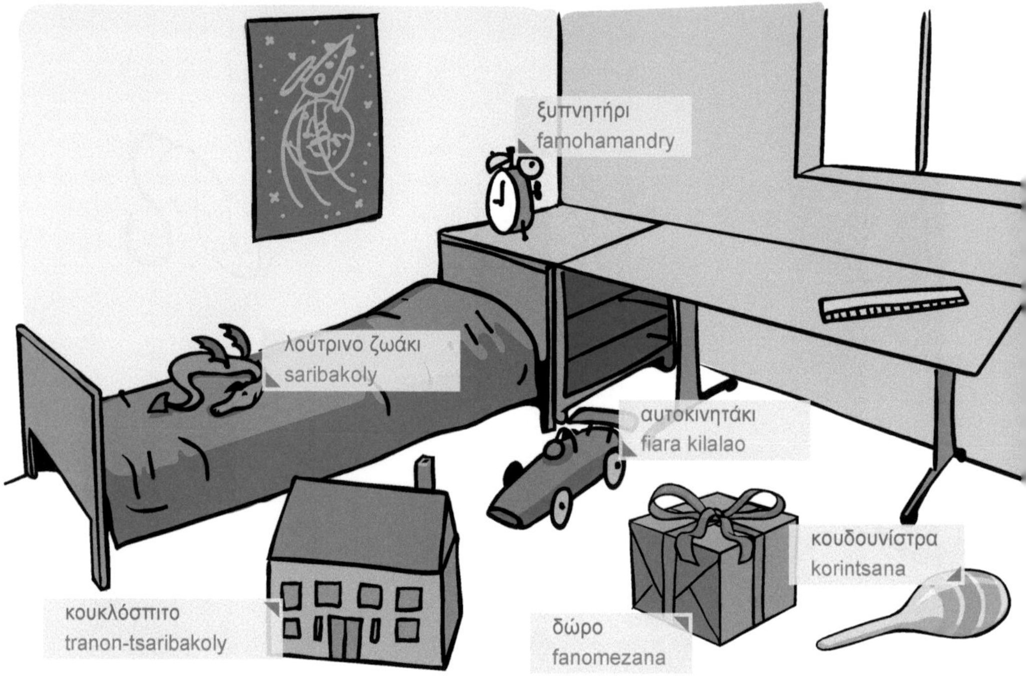

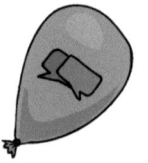

μπαλόνι

balaonina

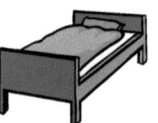

κρεβάτι

fandriana

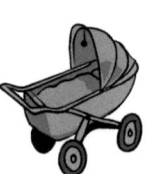

καροτσάκι

posety

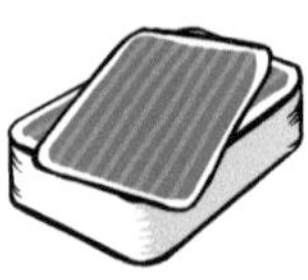

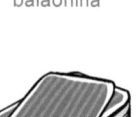

τράπουλα

lalao karatra

παζλ

puzzle

SUPER
MEGA

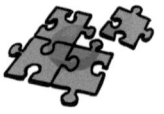

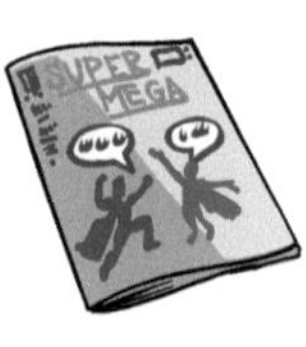

κόμικς

sariitatra

τουβλάκια lego

lalao legô

τουβλάκια κατασκευών

kilalao fananganana trano

φιγούρα δράσης

sarivongana kely

βρεφικό φορμάκι

grenera

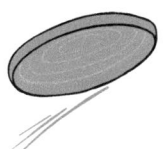

φρίσμπι

Frisbee

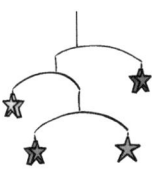

μόμπιλο

mobile

επιτραπέζιο παιχνίδι

jeu de société

ζάρια

kodiakely

σετ τρενάκι

lamasinina kely

πιπίλα

solonono

πάρτι

fety

εικονογραφημένο βιβλίο

boky feno sary

μπάλα

baolina

κούκλα

saribakoly

παίζω

milalao

σκάμμα με άμμο

kovetam-pasika

κούνια

savily

παιχνίδια

kilalao

κονσόλα βιντεοπαιχνιδιών

kilalao video

τρίκυκλο

tricycle

αρκουδάκι

teddy orsa

ντουλάπα

fitoeran'akanjo

ρούχα
akanjo

κάλτσες

bà kiraro

καλτσοδέτες

bàn-tongotra

καλσόν

akanjo manara-batana

κασκόλ
foloara

ομπρέλα
elo

μπλουζάκι
t-shirt

ζώνη
fehin-kibo

μπότες
baoty

παντόφλες
kapa fitondra an-trano

αθλητικά παπούτσια
kiraro tenisy

σανδάλια
....
kapa

παπούτσια
....
kiraro

γαλότσες
....
baoty fingotra

εσώρουχο
....
atinakanjo

σουτιέν
....
tatinono

φανέλα
....
akanjo feno

ρούχα - akanjo

45

σώμα
vatana

παντελόνι
pataloha

τζιν παντελόνι
jean

φούστα
zipo

μπλούζα
akanjo ambony

πουκάμισο
lobaka

πουλόβερ
pull

πουλόβερ
akanjo sarotro

σακάκι
palitao

μπουφάν
palitao

παλτό
palitao

αδιάβροχο πανωφόρι
akanjo aro-orana

κοστούμι
akanjo fianjaika

φόρεμα
fitafim-behivavy

νυφικό
akanjon'ny ampakarina

κοστούμι

akanjo fianjaika

νυχτικό

akanjo-mandry

πιτζάμες

pijamà

σάρι

sari

μαντήλι

sarondoha

τουρμπάνι

turban

μπούρκα

burqa

καφτάνι

kaftan

μουσουλμανικό ένδυμα

abaya

ολόσωμο μαγιό

akanjo fitondra milomano

ανδρικό μαγιό

akanjo fitondra milomano

σορτς

pataloha fohy

αθλητική φόρμα

akanjo fitena

ποδιά

tablie

γάντια

fonon-tànana

κουμπί

bokotra

γυαλιά

solomaso

βραχιόλι

brasele

περιδέραιο

rojo

δαχτυλίδι

peratra

σκουλαρίκι

kavina

καπέλο

satroka

κρεμάστρα

fanantonana palitao

καπέλο

satroka

γραβάτα

fehivozo

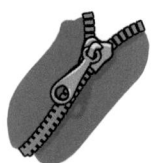

φερμουάρ

hidikorisa

κράνος

aroloha

τιράντες

beritelo

μαθητική στολή

fanamian'ny mpianatra

στολή

fanamiana

σαλιάρα

bavoara

πιπίλα

solonono

πάνα

taty

γραφείο
birao

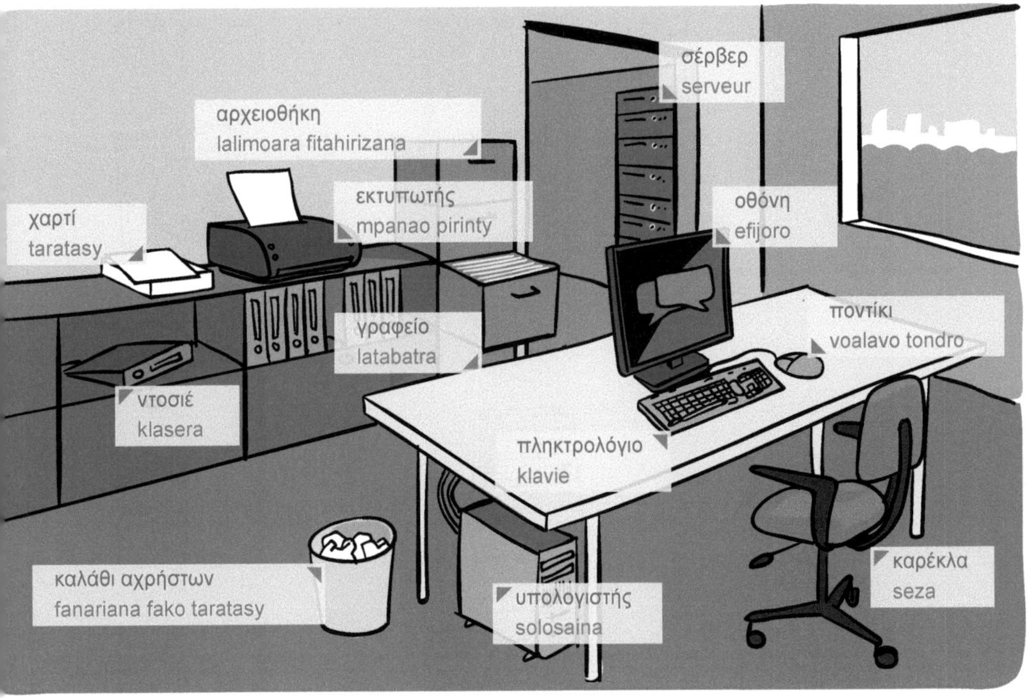

σέρβερ
serveur

αρχειοθήκη
lalimoara fitahirizana

χαρτί
taratasy

εκτυπωτής
mpanao pirinty

οθόνη
efijoro

γραφείο
latabatra

ποντίκι
voalavo tondro

ντοσιέ
klasera

πληκτρολόγιο
klavie

καλάθι αχρήστων
fanariana fako taratasy

καρέκλα
seza

υπολογιστής
solosaina

κούπα του καφέ

kaopin-kafe

κομπιουτεράκι

mpikajy

ίντερνετ

aterineto

λάπτοπ

solosaina maivana

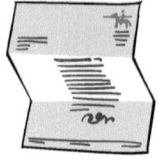

γράμμα

taratasy

μήνυμα

hafatra

κινητό

mobile

δίκτυο

tambajotra

φωτοτυπικό μηχάνημα

imprimante

λογισμικό

rindrambaiko

τηλέφωνο

finday

πρίζα

prizy

συσκευή φαξ

fax

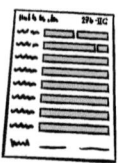

έντυπο

efitra fenoina

έγγραφο

fehezan-taratasy

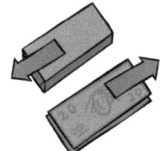

αγοράζω
mividy

πληρώνω
mandoa vola

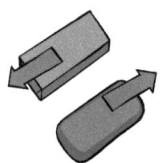

συναλλάσσομαι
misera

χρήματα
vola

δολάριο
dôlara

ευρώ
euro

γιεν
yen

ρούβλι
rouble

ελβετικό φράγκο
Franc suisse

ρενμίνμπι γιουάν
renminbi yuan

ρουπία
roupie

ATM (αυτόματη ταμειακή μηχανή)
fangalàna vola

ανταλλακτήρια
συναλλάγματος

toerana fanakalozana vola

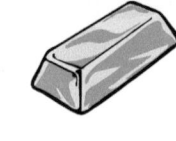

χρυσός

volamena

ασήμι

volafotsy

πετρέλαιο

solika

ενέργεια

angovo

τιμή

vidiny

συμβόλαιο

fifanekena

φόρος

hetra

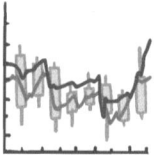

μετοχή

action borsa

δουλεύω

miasa

υπάλληλος

mpiasa

εργοδότης

mpampiasa

εργοστάσιο

orinasa

κατάστημα

fivarotana

επαγγέλματα

asa

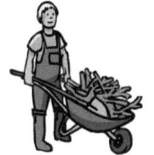

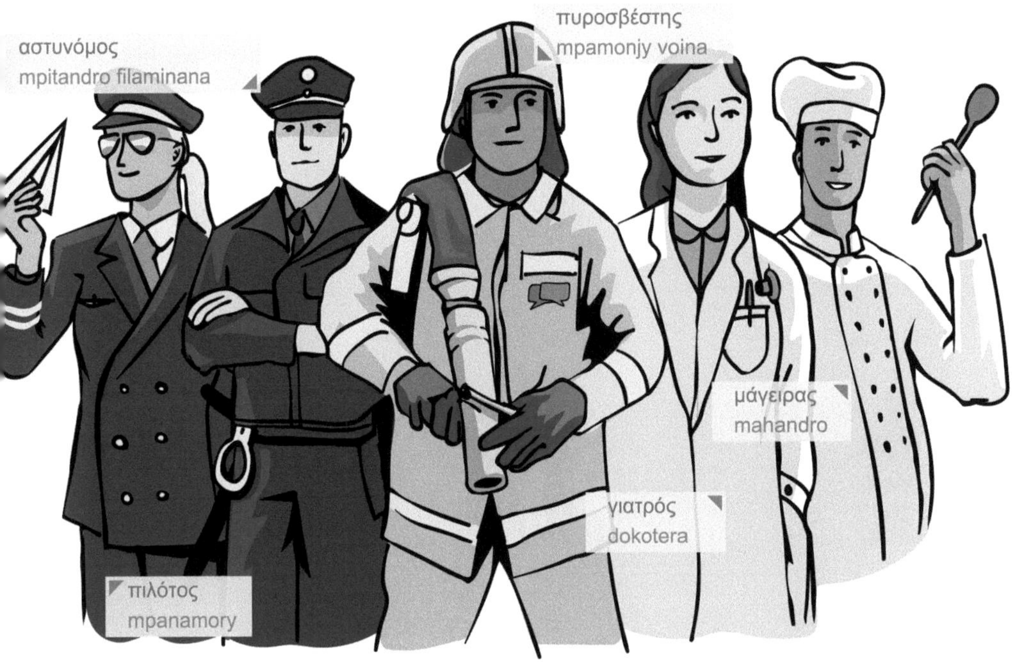
αστυνόμος
mpitandro filaminana
πυροσβέστης
mpamonjy voina
μάγειρας
mahandro
γιατρός
dokotera
πιλότος
mpanamory

κηπουρός

mpikarakara zaridaina

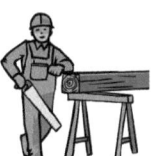

ξυλουργός

mpandrafitra

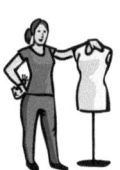

μοδίστρα

vehivavy mpanjaitra

δικαστής

mpitsara

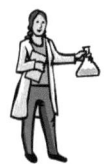

χημικός

mpahay simia

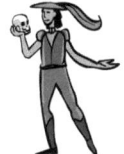

ηθοποιός

mpilalao sarimihetsika

οδηγός λεωφορείου

mpamily fiara fitateram-
bahoaka

ταξιτζής

mpamily fiarakaretsaka

ψαράς

mpanjono

καθαρίστρια

vehivavy mpanadio

τεχνίτης στεγών

mpanao tafo

σερβιτόρος

mpandroso sakafo

κυνηγός

mpihaza

ζωγράφος

mpandoko

αρτοποιός

mpanao mofo

ηλεκτρολόγος

elektrisianina

οικοδόμος

mpanao trano

μηχανολόγος

injeniera

κρεοπώλης

mivaro-kena

υδραυλικός

plombier

ταχυδρόμος

faktera

επαγγέλματα - asa

στρατιώτης

miaramila

αρχιτέκτονας

mpanao mari-trano

ταμίας

mpandray vola

ανθοπώλης

mpivarotra voninkazo

κομμωτής

mpanao volo

ελεγκτής εισιτηρίων

mpizara tapakila

μηχανικός

mpahay mekanika

καπετάνιος

kapiteny

οδοντίατρος

mpitsabo nify

επιστήμονας

siantifika

ραβίνος

raby

ιμάμης

imam

μοναχός

moanina

ιερέας

pretra

εργαλεία
fitaovana

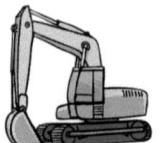

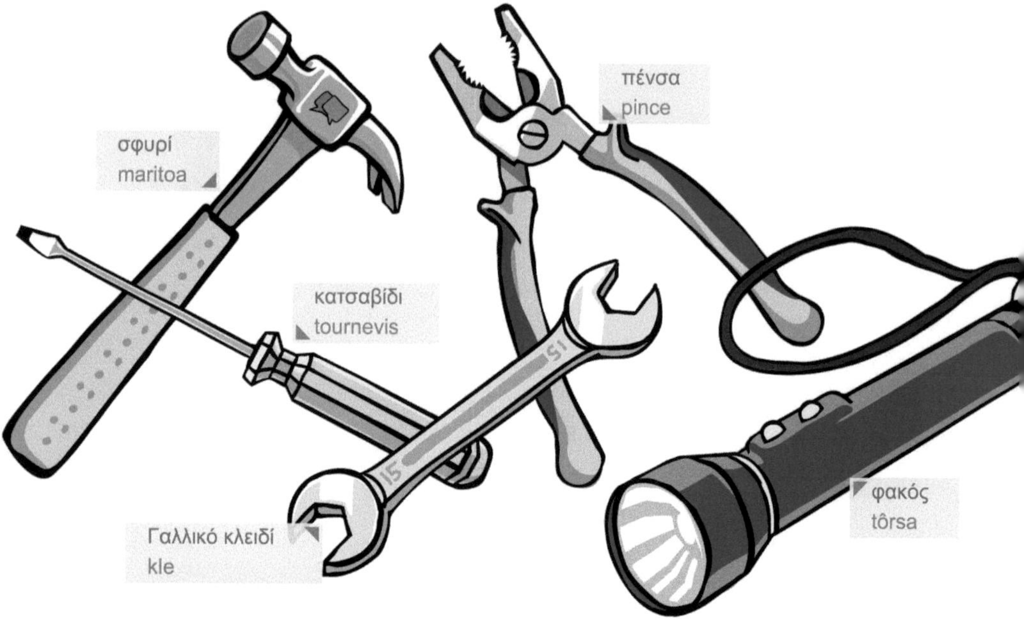
σφυρί
maritoa
πένσα
pince
κατσαβίδι
tournevis
Γαλλικό κλειδί
kle
φακός
tôrsa

εκσκαφέας
pelleteuse

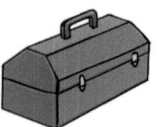

εργαλειοθήκη
boaty fanisy fitaovana

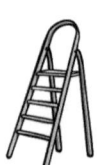

σκάλα
tohatra

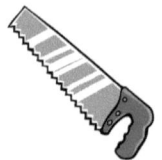

πριόνι
tsofa

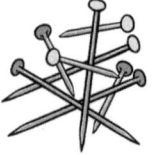

καρφιά
fantsika

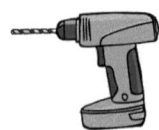

τρυπάνι
perceuse

επισκευάζω

manarina

φτυάρι

lapela

Να πάρει!

Kyy!

φαράσι

angadim-pako

δοχείο χρωμάτων

boatin-doko

βίδες

visy

μουσικά όργανα

zava-maneno

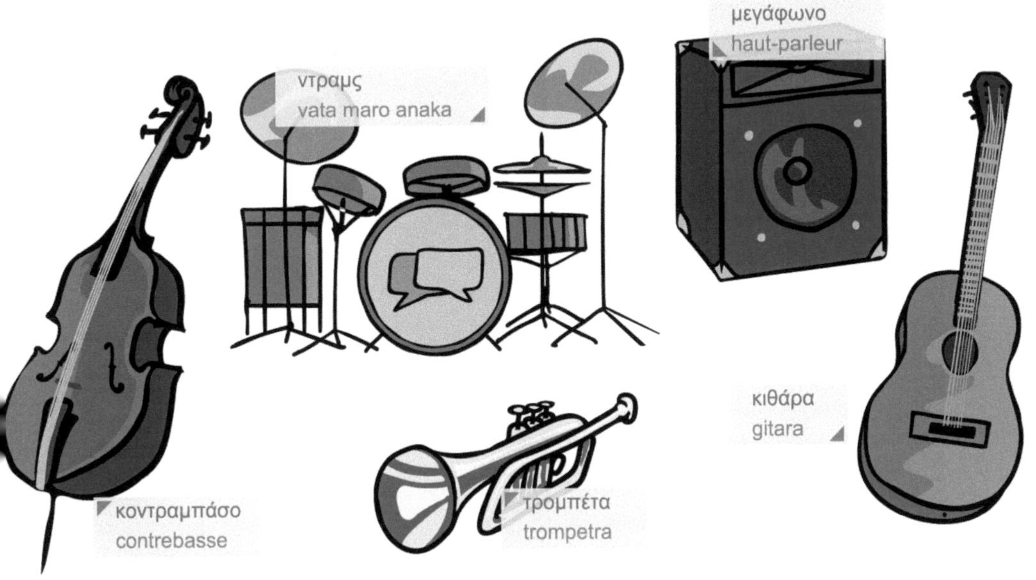

μεγάφωνο
haut-parleur

ντραμς
vata maro anaka

κοντραμπάσο
contrebasse

τρομπέτα
trompetra

κιθάρα
gitara

πιάνο

vata maro afitsoka

βιολί

lokanga

μπάσο

basse

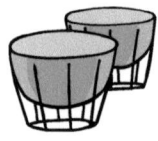

τύμπανα

amponga timpani

τύμπανο

aponga

πλήκτρα

klavie

σαξόφωνο

saksa

φλάουτο

sodina

μικρόφωνο

mikrao

ζωολογικός κήπος

valan-javaboary

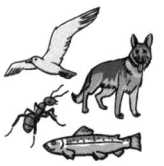

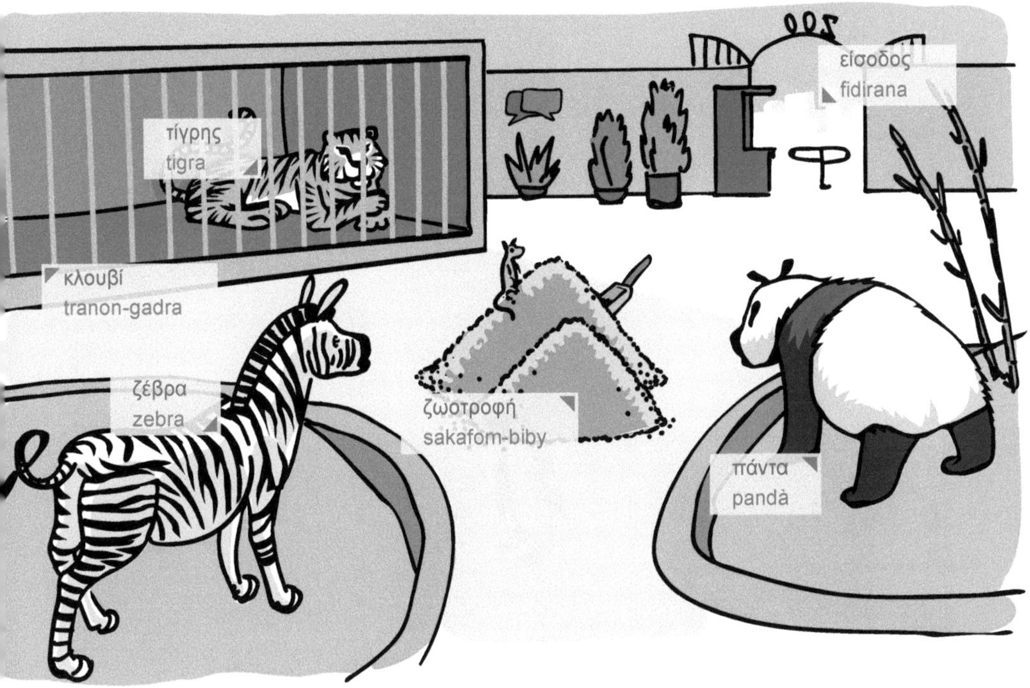
είσοδος
fidirana
τίγρης
tigra
κλουβί
tranon-gadra
ζέβρα
zebra
ζωοτροφή
sakafom-biby
πάντα
pandà

ζώα

biby

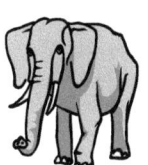

ελέφαντας

elefanta

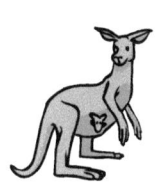

καγκουρό

kangoroa

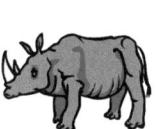

ρινόκερος

rinôserôsy

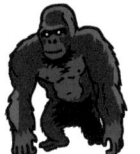

γορίλας

gôrila

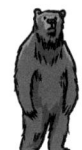

αρκούδα

orsa

καμήλα

rameva

στρουθοκάμηλος

aotrisy

λιοντάρι

liona

πίθηκος

rajako

φλαμίνγκο

sama

παπαγάλος

boloky

πολική αρκούδα

orsa polera

πιγκουίνος

pengoa

καρχαρίας

atsantsa

παγώνι

vorombola

φίδι

bibilava

κροκόδειλος

voay

φύλακας ζωολογικού κήπου

mpiandry valan-javaboary

φώκια

fôko

τζάγκουαρ

jagoara

πόνυ
poney

λεοπάρδαλη
leopara

ιπποπόταμος
hipôpôtamo

καμηλοπάρδαλη
zirafa

αετός
voromahery

αγριογούρουνο
lambo

ψάρι
trondro

χελώνα
sokatra

θαλάσσιος ίππος
môrsa

αλεπού
renard

γαζέλα
gazely

Αμερικάνικο ποδόσφαιρο
Football amerikana

ποδηλασία
hazakazaka am-bisikileta

αντισφαίριση
tennis

μπάσκετ
baskety

κολύμβηση
lomano

πυγχαμία
boxe

χόκεϋ επί πάγου
hockey an-dranomandry

ποδόσφαιρο
baolina kitra

μπάντμιντον
badminton

στίβος
atletisma

χάντμπολ
handball

σκι
ski

πόλο
polo

δραστηριότητες
raharaha

γελάω
mihomehy
δάω
tsambikina
αγκαλιάζω
mamihina
περπατάω
mandeha
τραγουδάω
mihira
ονειρεύομαι
manonofy
προσεύχομαι
mivavaka
φιλάω
manoroka

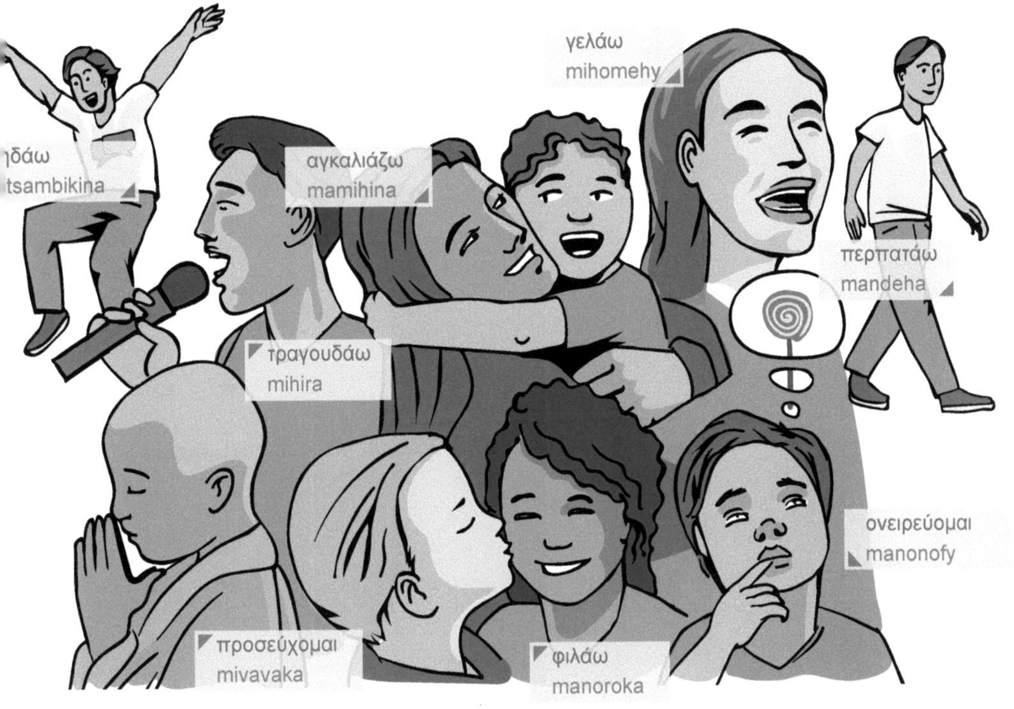

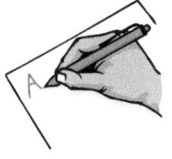

γράφω
manoratra

σχεδιάζω
manao sary

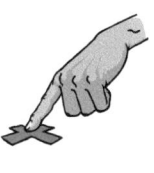

δείχνω
maneho

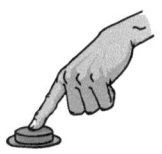

πιέζω
manosika

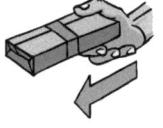

δίνω
manome

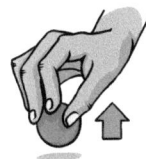

παίρνω
mandray

έχω

manana

κάνω

manao

είμαι

mizovy

στέκομαι

mijoro

τρέχω

mihazakazaka

τραβάω

misintona

ρίχνω

manary

πέφτω

lavo

ξαπλώνω

mandry

περιμένω

miandry

κουβαλώ

mitondra

κάθομαι

mipetraka

φοράω

miakanjo

κοιμάμαι

matory

ξυπνάω

mifoha

κοιτάω

mijery

κλαίω

mitomany

χαϊδεύω

fahatapahan'ny lalan-dra

χτενίζω

fiogo

μιλάω

miresaka

καταλαβαίνω

mahay

ρωτάω

milaza

ακούω

mihaino

πίνω

misotro

τρώω

mihinana

συγυρίζω

mandamina

αγαπάω

mitia

μαγειρεύω

mahandro

οδηγώ

mamily

πετάω

lalitra

κάνω ιστιοπλοΐα

miandriaka

υπολογίζω

mikajy

διαβάζω

mamaky

μαθαίνω

mianatra

δουλεύω

miasa

παντρεύομαι

mivady

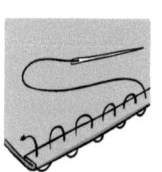

ράβω

manjaitra

βουρτσίζω τα δόντια

miborosy nify

σκοτώνω

mamono

καπνίζω

mifoka

στέλνω

mandefa

γιαγιά
renibe

παππούς
dadabe

πατέρας
ray

μητέρα
reny

μωρό
zaza

κόρη
zanaka vavy

γιος
zanaka lahy

καλεσμένος

vahiny

θεία

nenitoa

θείος

dadatoa

αδελφός

rahalahy

αδελφή

rahavavy

σώμα

vatana

μέτωπο
handrina
μάτι
maso
ώμος
soroka
δάχτυλο
rantsan-tànana
πρόσωπο
tarehy
πιγούνι
saoka
χέρι
tànana
πόδι
ranjo
στήθος
nono
βραχίονας
sandry

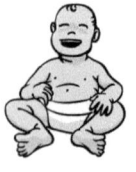

μωρό

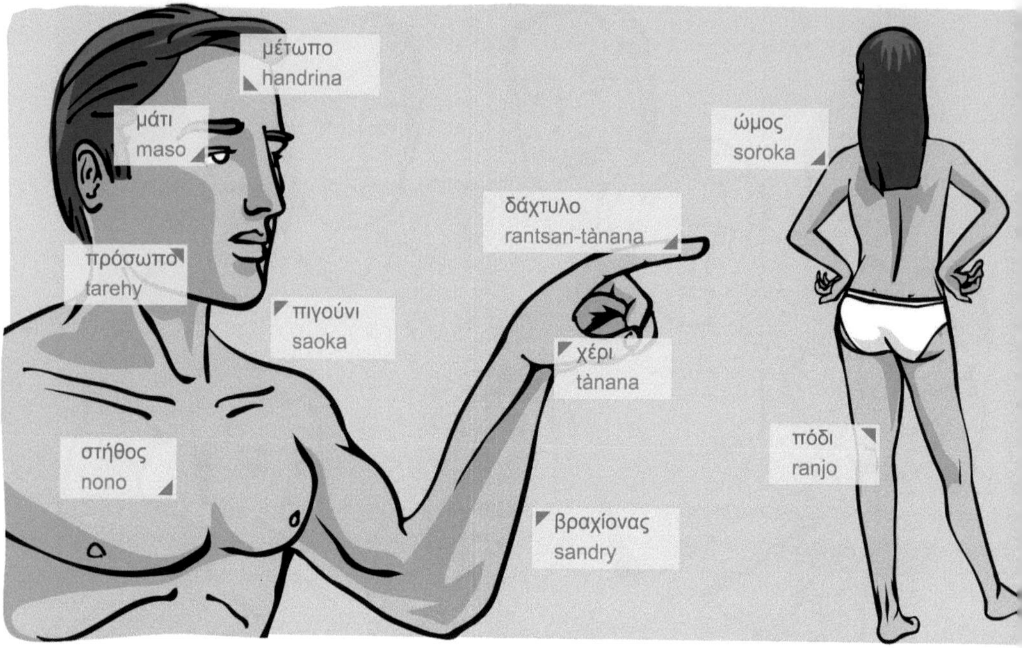

zaza

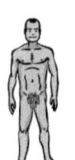

άνδρας

lehilahy

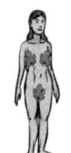

γυναίκα

vehivavy

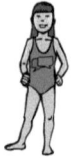

κορίτσι

vavy

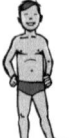

αγόρι

lahy

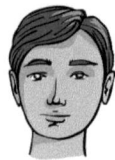

κεφάλι

loha

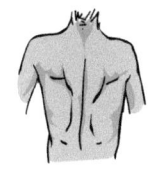

πλάτη

lamosina

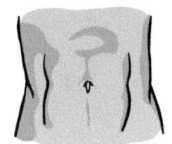

κοιλιά

kibo

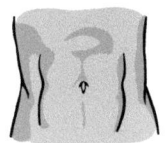

αφαλός

foitra

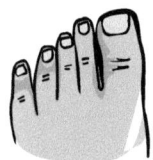

δάχτυλο ποδιού

rantsan-tongotra

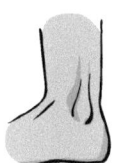

φτέρνα

voditongotra

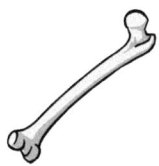

κόκκαλο

taolana

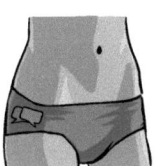

γοφός

valahana

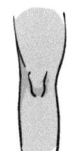

γόνατο

lohalika

αγκώνας

kiho

μύτη

orona

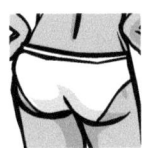

γλουτός

vody

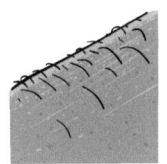

δέρμα

hoditra

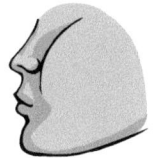

μάγουλο

takolaka

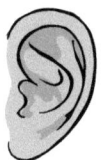

αυτί

sofina

χείλος

molotra

στόμα
vava

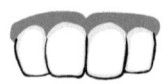

δόντι
nify

γλώσσα
lela

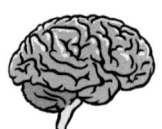

εγκέφαλος
saina

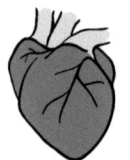

καρδιά
fo

μυς
ozatra

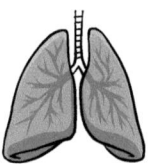

πνεύμονας
havokavoka

συκώτι
aty

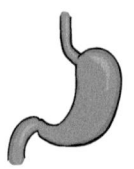

στομάχι
vavony

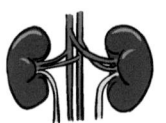

νεφρά
voa

σεξουαλική επαφή
firaisana ara-nofo

προφυλακτικό
fimailo

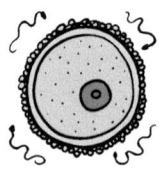

ωάριο
tsirivavy

σπέρμα
ranonaina

εγκυμοσύνη
vohoka

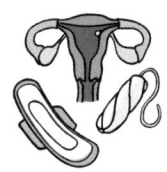

περίοδος

fadimbolana

γυναικείος κόλπος

fivaviana

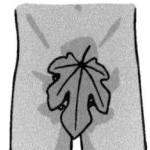

πέος

filahiana

φρύδι

volomaso

μαλλιά

volo

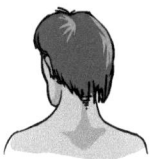

λαιμός

tenda

νοσοκομείο

hopitaly

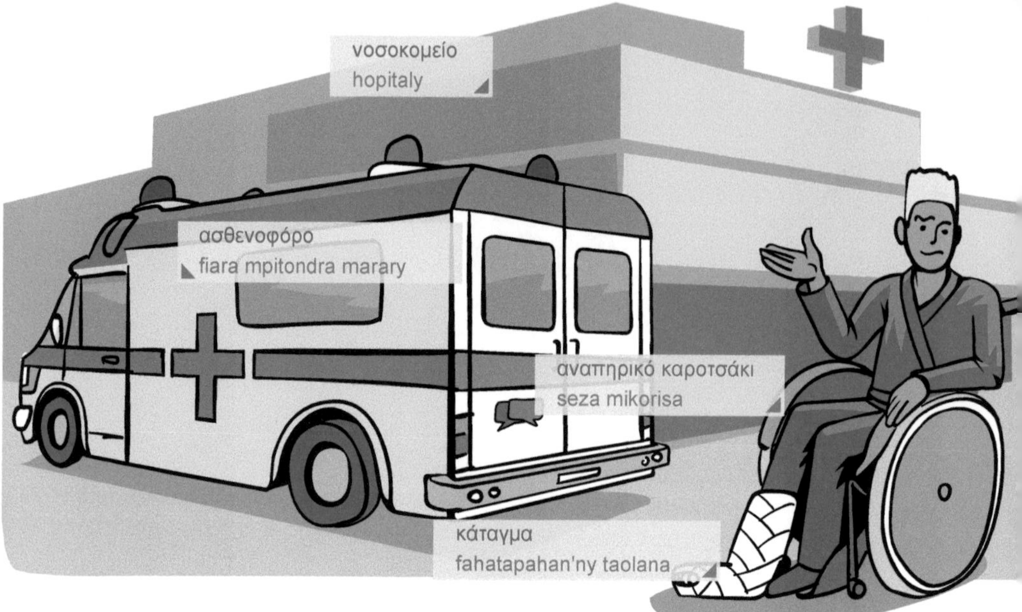

νοσοκομείο
hopitaly
ασθενοφόρο
fiara mpitondra marary
αναπηρικό καροτσάκι
seza mikorisa
κάταγμα
fahatapahan'ny taolana

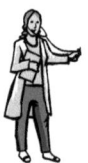

γιατρός

dokotera

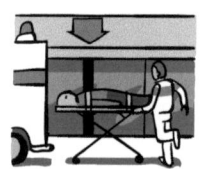

μονάδα εντατικής θεραπείας

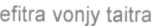

efitra vonjy taitra

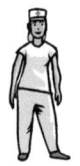

νοσοκόμα

mpitsabo mpanampy

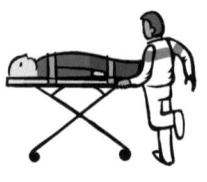

έκτακτη ανάγκη

vonjy taitra

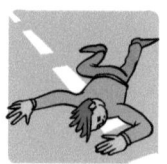

λιπόθυμος

tsy mahatsiaro tena

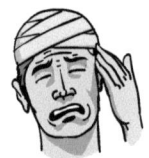

πόνος

fanaintainana

τραύμα

faharatràna

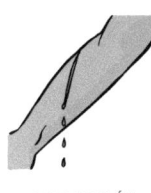

αιμορραγία

mandeha rà

έμφραγμα

aretim-po

εγκεφαλικό

fahatapahan'ny lalan-dra

αλλεργία

tsy fahazakana sakafo

βήχας

kohaka

πυρετός

tazo

γρίπη

gripa

διάρροια

fivalanana

πονοκέφαλος

aretin'an-doha

καρκίνος

homamiadana

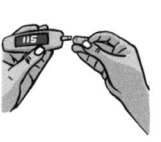

διαβήτης

diabeta

χειρουργός

dokotera mpandidy

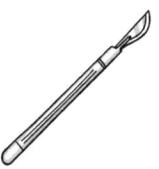

νυστέρι

antsy fandidiana

εγχείρηση

fandidiana

αξονική τομογραφία
TC

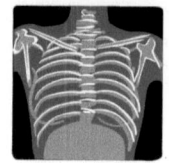

ακτινογραφία
taratra X

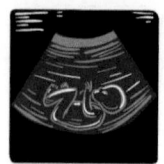

υπέρηχος
ekôgrafia

μάσκα
saron-tava

ασθένεια
aretina

αίθουσα αναμονής
efitrano fiandrasana

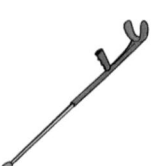

πατερίτσα
tehina

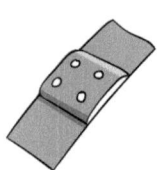

χάνσαπλαστ
taha fery

επίδεσμος
bandy

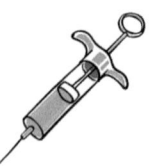

ένεση
tsindrona

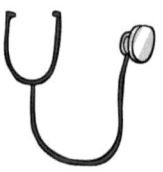

στηθοσκόπιο
stetoskopy

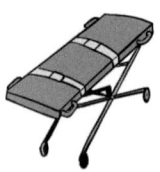

φορείο
filanjana marary

θερμόμετρο
fitaovana fitsapana
hafanana

γέννηση
fahaterahana

υπέρβαρο
hatavezana tafahoatra

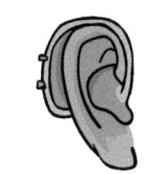

ακουστικό βαρηκοΐας

fitaovana fandrenesana

αντισηπτικό

famonoana mikraoba

λοίμωξη

fifindràna aretina

ιός

viriosy

HIV/AIDS

VIH / SIDA

φάρμακο

fitsaboana

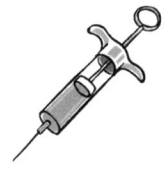

εμβολιασμός

vaksiny

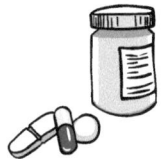

δισκία

pilina

χάπι

pilina

κλήση έκτακτης ανάγκης

antso vonjy taitra

πιεσόμετρο αίματος

fitaovana fitsapana tosi-drà

άρρωστος / υγιής

marary / salama

Βοήθεια! Vonjeo!	 συναγερμός antso fanairana	 βιαιοπραγία herisetra
 επίθεση vono	 κίνδυνος loza	 έξοδος κινδύνου fivoahana raha misy loza
Φωτιά! Afo!	 πυροσβεστήρας fitaovam-pamonoana afo	 ατύχημα loza
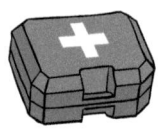 κουτί πρώτων βοηθειών fitaovam-pitsaboana vonjimaika	 SOS SOS	 αστυνομία pôlisy

Ευρώπη

Eoropa

Βόρεια Αμερική

Amerika avaratra

Νότια Αμερική

Amerika atsimo

Αφρική

Afrika

Ασία

Azia

Αυστραλία

Aostralia

Ατλαντικός Ωκεανός

Atlantika

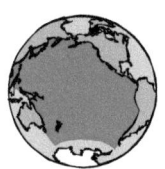

Ειρηνικός Ωκεανός

Pasifika

Ινδικός Ωκεανός

Ranomasimbe Indiana

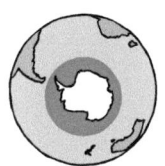

Ανταρκτικός Ωκεανός

Oseana Antarktika

Αρκτικός Ωκεανός

Oseana Arktika

Βόρειος Πόλος

Tendrotany avaratra

Νότιος Πόλος

Tendrotany atsimo

Ανταρκτική

Antarktika

Γη

tany

γη

tany

θάλασσα

ranomasina

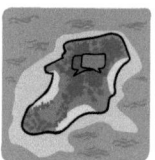

νησί

nosy

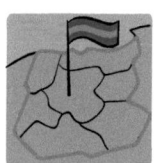

έθνος

tanindrazana

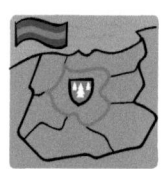

πολιτεία

firenena

καντράν ρολογιού
tavam-pamantaranandro

ωροδείκτης
tondro ora

λεπτοδείκτης
tondro minitra

δείκτης δευτερολέπτων
tondro segondra

Τι ώρα είναι;
Amin'ny firy izao?

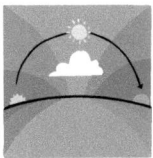

ημέρα
andro

χρόνος
fotoana

τώρα
izao

ψηφιακό ρολόι
famantaranandro niomerika

λεπτό
minitra

ώρα
ora

εβδομάδα
herinandro

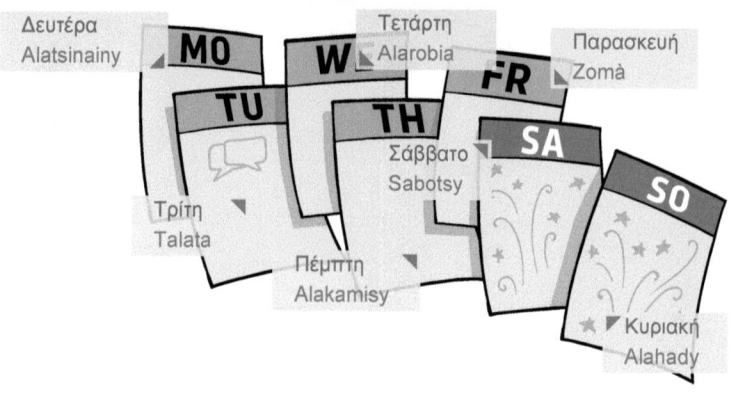

Δευτέρα
Alatsinainy

Τρίτη
Talata

Τετάρτη
Alarobia

Πέμπτη
Alakamisy

Παρασκευή
Zomà

Σάββατο
Sabotsy

Κυριακή
Alahady

χθες

omaly

σήμερα

androany

αύριο

ampitso

πρωί

maraina

μεσημέρι

atoandro

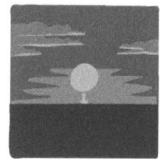

βράδυ

hariva

MO	TU	WE	TH	FR	SA	SU
1	2	3	4	5	6	7
8	9	10	11	12	13	14
15	16	17	18	19	20	21
22	23	24	25	26	27	28
29	30	31	1	2	3	4

εργάσιμες ημέρες

adro fiasàna

MO	TU	WE	TH	FR	SA	SU
1	2	3	4	5	6	7
8	9	10	11	12	13	14
15	16	17	18	19	20	21
22	23	24	25	26	27	28
29	30	31	1	2	3	4

Σαββατοκύριακο

faran'ny herinandro

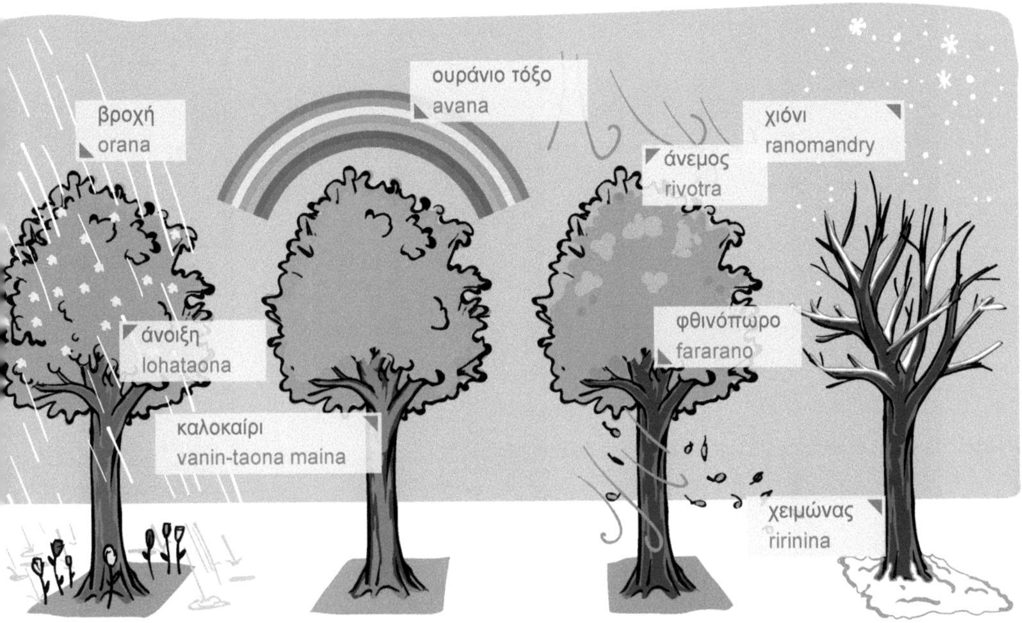

βροχή
orana
ουράνιο τόξο
avana
χιόνι
ranomandry
άνεμος
rivotra
άνοιξη
lohataona
φθινόπωρο
fararano
καλοκαίρι
vanin-taona maina
χειμώνας
ririnina

4.APRIL 11°
5.APRIL 4°
6.APRIL 13°
7.APRIL 8°
8.APRIL 10°

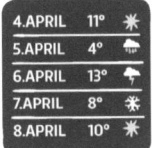

πρόγνωση καιρού

vinavina ara-toetrandro

F C
120 40
90 30
60 20
30 10
0 0
-30 -10
-20

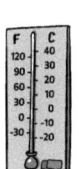

θερμόμετρο

thermomètre

λιακάδα

tara-masoandro

σύννεφο

rahona

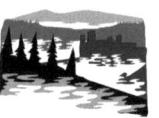

ομίχλη

zavona

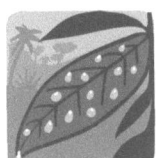

υγρασία

hamandoana

αστραπή

tselatra

κεραυνός

kotroka

καταιγίδα

tafio-drivotra

χαλάζι

havandra

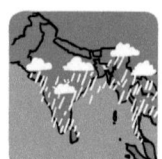

μουσώνας

fahavaratra

πλημμύρα

tondra-drano

πάγος

vaingan-drano

Ιανουάριος

Janoary

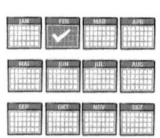

Φεβρουάριος

Febroary

Μάρτιος

Martsa

Απρίλιος

Avrila

Μάιος

Mey

Ιούνιος

Jiona

Ιούλιος

Jolay

Αύγουστος

Aogositra

έτος - taona

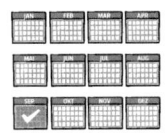

Σεπτέμβριος
Septambra

Οκτώβριος
Oktobra

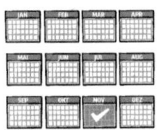

Νοέμβριος
Novambra

Δεκέμβριος
Desambra

σχήματα
endrika

κύκλος
boribory

τετράγωνο
efamira

ορθογώνιο
παραλληλόγραμμο
efajoro

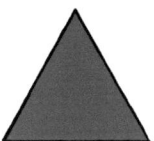

τρίγωνο
telozoro

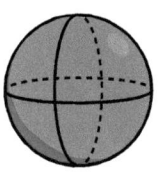

σφαίρα
bola

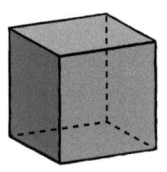

κύβος
goba

άσπρο

fotsy

κίτρινο

mavo

πορτοκαλί

laoranjy

ροζ

mavokely

κόκκινο

mena

μωβ

voloparasy

μπλε

manga

πράσινο

maitso

καφέ

volotany

γκρι

volondavenona

μαύρο

mainty

πολύ / λίγο

betsaka / vitsy

θυμωμένος / ήρεμος

tezitra / tony

όμορφος / άσχημος

tsara / ratsy

αρχή / τέλος

fiandohana / fiafarana

μεγάλος / μικρός

lehibe / kely

φωτεινός / σκοτεινός

mazava / maloka

αδελφός / αδελφή

rahalahy / rahavavy

καθαρός / λερωμένος

madio / maloto

πλήρης / ατελής

feno / banga

ημέρα / νύχτα

andro / alina

νεκρός / ζωντανός

maty / velona

φαρδύς / στενός

malalaka / tery

βρώσιμος / μη βρώσιμος

azo hanina / tsy fihinana

κακός / ευγενικός

tsivalahara / tsara fanahy

ενθουσιασμένος / βαριεστημένος

endratra / sorena

παχύς / λεπτός

matavy / mahia

πρώτος / τελευταίος

voalohany / farany

φίλος / εχθρός

mpinamana / mpifahavalo

γεμάτος / άδειος

feno / foana

σκληρός / μαλακός

mafy / malefaka

βαρύς / ελαφρύς

mavesatra / maivana

πείνα / δίψα

noana / mangetaheta

άρρωστος / υγιής

marary / salama

παράνομος / νόμιμος

tsy ara-dalàna / ara-dalàna

έξυπνος / χαζός

mahay / vendrana

αριστερός / δεξιός

havia / havanana

κοντινός / μακρινός

akaiky / lavitra

καινούριος /
μεταχειρισμένος

vaovao / tranainy

τίποτα / κάτι

tsy misy / misy

γέρος | νέος

antitra / tanora

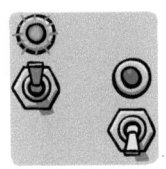

αναμμένος / σβηστός

mandeha / maty

ανοιχτός / κλειστός

mivoha / mihidy

χαμηλόφωνος /
μεγαλόφωνος

mangina / mitabataba

πλούσιος / φτωχός

manankarena / mahantra

σωστός / λανθασμένος

marina / diso

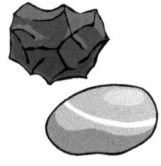

τραχύς / λείος

marokoroko / malama

λυπημένος / χαρούμενος

malahelo / faly

κοντός / μακρύς

fohy / lava

αργός / γρήγορος

mora / faingana

υγρός / στεγνός

mando / maina

ζεστός / δροσερός

mafana / mangatsiaka

πόλεμος / ειρήνη

ady / fahalemana

αντίθετα - teny mifanohitra

0	**1**	**2**
μηδέν	ένα	δύο
aotra	iray	roa

3	**4**	**5**
τρία	τέσσερα	πέντε
telo	efatra	dimy

6	**7**	**8**
έξι	εφτά	οκτώ
enina	fito	valo

9	**10**	**11**
εννιά	δέκα	έντεκα
sivy	folo	iraikambinifolo

12

δώδεκα

roambinifolo

13

δεκατρία

teloambinifolo

14

δεκατέσσερα

efatrambinifolo

15

δεκαπέντε

dimiambinifolo

16

δεκαέξι

eninambinifolo

17

δεκαεφτά

fitoambinifolo

18

δεκαοκτώ

valoambinifolo

19

δεκαεννέα

siviambinifolo

20

είκοσι

roapolo

100

εκατό

zato

1.000

χίλια

arivo

1.000.000

εκατομμύριο

tapitrisa

Αγγλικά

Anglisy

Αμερικάνικα Αγγλικά

Anglisy amerikana

Μανδαρίνικα Κινέζικα

Fiteny sinoa mandarina

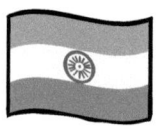

Χίντι

Hindi

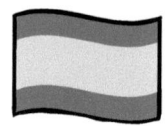

Ισπανικά

Espaniola

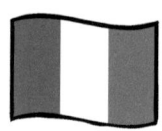

Γαλλικά

Frantsay

Αραβικά

Fiteny arabo

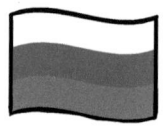

Ρώσικα

Fiteny rosiana

Πορτογαλικά

Portogey

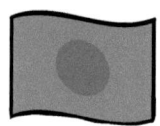

Μπενγκάλι

Bengaly

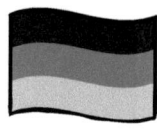

Γερμανικά

Alemà

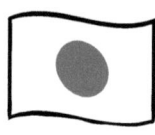

Ιαπωνικά

Japoney

εγώ

izaho

εσύ

ianao

αυτός / αυτή / αυτό

izy / io

εμείς

isika

εσείς

ianao

αυτοί / αυτές / αυτά

zareo

ποιος / ποια / ποιο;

iza?

τι;

inona?

πώς;

ahoana?

πού;

aiza?

πότε;

oviana?

όνομα

anarana

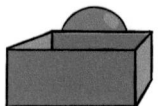

πίσω

aorina

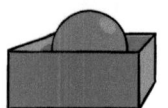

μέσα

anaty

μπροστά

anoloana

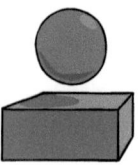

πάνω από

any

πάνω

ambony

κάτω

ambany

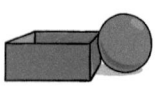

δίπλα

ankila

ανάμεσα

afovoany

μέρος

toerana